MW01484255

Espérame
en el arcoíris

Laura Vidal

Espérame en el arcoíris - Laura Vidal
© 2019 Laura Vidal

Maquetación editorial: Georgia Delena
Diseño de cubierta: Sara García
www.maquetacionlibros.com

Todos los derechos reservados. No está permitida la reimpresión de parte alguna de este libro, ni tampoco su reproducción, ni utilización, en cualquier forma o por cualquier medio sin el permiso anticipado y por escrito del autor

Opiniones de lectores en Amazon

1.178 VALORACIONES.
ALGUNAS OPINIONES ALEATORIAS:

☛"Precioso y emotivo.

Me ha ayudado mucho en la reciente pérdida de mi peludo ,lo recomiendo 100%. Prepárate pañuelos porque te van a hacer falta".

☛"Impresionante.

Desde luego describe perfectamente los sentimientos que sufrimos por la perdida de un peludo al que le hemos querido con todo nuestro corazón.

Como bien dice el libro: Espérame en el arcoiris... bonito y fundamental".

☛"Un libro imprescindible para quien considera a los animales parte de su familia, de su alma. Para esas personas especiales que aún sabiendo que los van a sobrevivir, aceptan el precio del dolor de perderlos a cambio del amor incondicional. Precioso libro.".

☛"IMPRESCINDIBLE Y NECESARIO.

En este libro se encuentran las palabras y el acompañamiento que necesitas cuando tu peludo o peluda ya no está. La sociedad todavía no se encuentra en el punto en el que los animales, nuestros compañeros y compañeras son parte de la família y todavía hay mucha gente que no entiende que el dolor que dejan cuando se apagan sea tan profundo que este libro es un tesoro para aquellas personas que se sientan solas en este proceso y incluso para las que no. Lo recomiendo muchísimo. A mi, personalmente, me ha ayudado a ir sanando ese dolor y a vivir la muerte de mi compañera desde un punto de vista diferente y más sano. Me ha ayudado a no sentirme sola y a darme cuenta de que muchísimas personas han sentido, sienten y sentiran todo lo que yo en ese momento.

Gracias Laura".

☛"Este libro me ha ayudado muchísimo a pasar el trauma de la pérdida de nuestro "peludo" de una manera más positiva. Lo que más me ha enseñado este libro ha sido a saber como explicarle a mis hijos la pérdida de nuestro perrete. Lo recomiendo encarecidamente."

Índice

Introducción 9

Nota 13

1. El peor perro del mundo 17

2. Llegó el momento. ¿Adiós o hasta pronto? 33

3. La muerte: de vivir entre nosotros
   a vivir en nosotros 43

4. El luto 51

5. El duelo: viviendo la ausencia 59

6. Las etapas del duelo 73

7. El duelo en el niño 83

8. Saliendo del laberinto 95

9. La vida fluye 111

10. La leyenda del puente del arcoíris 119

11. Abre tu corazón 125

Palabras para Minnie 131

Querido lector: 137

Bibliografía recomendada 145

Introducción

Actualmente, a nivel global, cada vez más los humanos estamos teniendo en consideración a los animales en general, pero sobre todo a los que comparten casa y vida con nosotros. Esto es así hasta tal punto, que para muchos de nosotros nuestros compañeros peludos se han convertido en un miembro más de la familia, con plenos derechos; los llevamos al veterinario cuando tienen problemas de salud, disfrutamos de actividades con ellos, acondicionamos nuestra casa y nuestras rutinas para su bienestar, elegimos las vacaciones en sitios donde son aceptados o pagamos el extra de dejarlos en un buen hotel para ellos o con un buen canguro, llenamos nuestros móviles y nuestras redes sociales de sus fotos, les compramos regalitos por Navidad, son los primeros a los que saludamos al llegar a casa y muchos, incluso, duermen en la cama de algún miembro de la familia; los queremos con todo nuestro corazón y son una parte indispensable de nuestro hogar.

Según un estudio concluido por la fundación Affinity junto con AVEPA*, realizado sobre una base de más de 4000 personas que convivían con perros, se han identificado 2 grupos diferenciados de propietarios en relación con las características del patrón de vinculación.

- El primer grupo, que denominamos "emocional", representa el 75% de nuestra población. Se caracteriza por una relación donde el vínculo emocional con el perro es muy intenso. Para estas personas, su perro es una fuente muy importante de apoyo emocional, sobre todo en situaciones difíciles.

- El segundo grupo, que hemos denominado "pragmático", representa el 25% restante de la población estudiada. Para ellos, convivir con un perro aporta beneficios, pero la dimensión emocional no es tan intensa.

Un dato curioso en la evaluación es que, en los niños, la afinidad con los animales es un fenómeno mayoritario. Este resultado estaría de acuerdo con la hipótesis de que la curiosidad y la afinidad por la naturaleza y por los seres vivos es un rasgo humano universal.

A pesar de que, como vemos, formamos un lazo muy fuerte con los animales con los que convivimos, tenemos que lidiar con una dolorosa e inevitable verdad. El ciclo de vida de los animales es más corto que el nuestro, por lo que en la inmensa mayoría de los casos vamos a sobrevivir a muchos de nuestros compañeros. Esto es muy duro de asimilar, lo sé... pero ¿qué pasa cuando llega el temido momento? Aquí nos encontramos ante una dicotomía: lo que uno siente al respecto y lo que es políticamente correcto.

¿A cuántas personas les han dado el día libre en el trabajo por la muerte de su peludo?

¿Cuántos han podido ponerse a llorar abiertamente delante de familiares y amigos ante este hecho?

¿Cuántos han ido en busca de un profesional para ayudarles a superar su duelo sin sentirse avergonzados?

¿Cuántos nos hemos preparado para este temido momento?

Sí, somos muchos los que hemos pasado por esa misma situación y nos hemos encontrado sin tener a quién acudir, avergonzados y escondiendo nuestro dolor, ya que parece que aún no está socialmente aceptado que una persona pase por un proceso de luto y duelo por un animal. Prácticamente, ni siquiera hay libros escritos en Español sobre este tema, así que, aquí va mi aportación a todas las personas que tenemos unas huellitas marcadas en nuestro corazón. Este libro te ayudará a prepararte para la partida de tu compañero o te ayudará a superarla, recorriendo contigo el camino para que puedas elaborar un buen duelo.

Mi experiencia personal me sirvió para darme cuenta de que no quería que ninguna otra persona se sintiera tan sola y perdida como yo me sentí en esos duros momentos, así que terminé haciendo de mi dolor mi profesión y después de formarme en coaching y counselling, vivo por y para ayudar a las personas a elaborar un buen duelo por sus peludos, desde la comprensión, el apoyo y el respeto.

Os invito a leer este libro desde el alma, aunque es un tema muy personal, ya que cada uno de nosotros reacciona al dolor y a la pérdida de una forma diferente. Os invito a priorizar las partes del libro que os pueden ser de ayuda y a dejar ir lo que no resuene con vosotros.

Este libro es para ti y para mí.

"El duelo es el precio
que pagamos por el amor".
(E.A. Bucchianeri)

Nota

En este libro se intenta no hacer uso de la palabra "mascota" y cambiarla por otros apelativos como animal de compañía, animal que vive con nosotros, miembro de la familia, peludo, compañero, amigo... No intento decir que cualquiera que use la palabra mascota lo haga sin amor ni respeto, por supuesto que mucha gente la usa con todo su cariño, pero creo que está mal formulada.

Utilizo estos otros apelativos, ya que para mí es éticamente más correcto, no creo que el perro que vive en mi casa, y es un miembro más de la familia, se pueda nombrar de la misma forma que los muñecos que animan a un equipo determinado en un partido de fútbol, y es que en el diccionario de la RAE lo primero que podemos leer es:

1- "Persona, animal o <u>cosa</u> que sirve de talismán, que trae buena suerte".

La hipótesis de la relatividad lingüística apunta a que percibimos el mundo de acuerdo a cómo nos referimos a él. El lenguaje influye directamente en la percepción que como sociedad tenemos de las cosas que nos rodean; definir nuestro entorno correctamente es muy importante tanto para nosotros como para las próximas generaciones. La palabra mascota proviene del Francés *"mascotte"* y significa amuleto, lo que ya sirve para cosificar a los animales de compañía como objetos y también los separa de los otros animales (ya sabes, esos que no merecen la compasión de la inmensa mayoría de las personas).

Tal y como están las cosas en el mundo y en España, donde recordemos que, a día de hoy, se está luchando en el Congreso de los Diputados para que los animales sean considerados seres *sintientes* y no <u>cosas</u>, la definición de "mascota " no les hace ningún favor; más bien al contrario, ya que lo éticamente correcto es aceptar que los animales no están aquí únicamente para nuestro disfrute y entretenimiento, sino que son animales, no humanos, con una entidad propia que debe ser respetada, entendida y nunca menospreciada, ya que nosotros no somos más que otra especie de animales. Pienso firmemente que nuestra "superioridad", en algunos sentidos, no debe darnos la sensación de que podemos aprovecharnos de nuestros otros compañeros de planeta, sino que precisamente nuestra moral más elevada trae consigo la responsabilidad de respetar y cuidar a los demás habitantes de la Tierra.

"Cuando un hombre se apiade
de todas las criaturas vivientes, solo
entonces será noble".
(Buda).

"No te avergüences si, a veces,
los animales están más cerca
de ti que las personas.
Ellos también son tus hermanos".
(San Francisco de Asís).

1. El peor perro del mundo

Como amante de los animales, la verdad es que llevo toda mi vida compartiéndola con perros, gatos y hasta con un loro. He podido disfrutar de diferentes compañeros que me han enseñado diferentes cosas, con los que he vivido muchos momentos inolvidables; y es que, si te soy sincera, para mí la vida es más plena acompañada de uno de estos peluditos de cuatro patas.

Mi primera perra se llamaba Kira y seguramente sea ella la culpable de mi amor hacia los animales. Creo que lo único que intento es devolver a los de su especie un poquito de lo que ella me dio a mi. Mientras compartía mi vida con Kira, también tuvimos a King y a Gala, dos bobtails nobles y cariñosos, muy guapos, muy buenos, muy divertidos pero... no muy "espabilados".

Después me independicé y con ello cumplí la ilusión de tener el primer perro que era solo mío, mi *perrhijo*, como yo lo llamaba, y la verdad, con todo el cariño que una madre siente por su hijo, puedo decir que fue el peor perro del mundo.

Galo era un dogo alemán. Cierro los ojos y todavía puedo recordar la primera vez que vi uno: me quedé asombrada, con los ojos como platos, no podía quitar la vista de aquel ser tan majestuoso, tan perfecto, lo llaman el Apolo de los perros y es comprensible, era tan elegante y grande que me enamoré.

Era una raza que me encantaba desde mi más tierna infancia, porque siempre he sido una superfán de Scooby-Doo, pero nunca había visto ninguno en persona. Por eso, desde esa primera vez, sentí un flechazo y supe que quería poner un dogo en mi vida; pero, por supuesto, lo primero que hice fue empezar a investigar todo lo que pude

Galo bebé, su primera foto

sobre la raza y se lo enseñé a mi madre, que quedó horrorizada al ver a esa mezcla entre poni y perro, y me dijo que ni siquiera me atreviera a pensar que iba a meter ese animal en su casa; así que lo único que pude hacer durante años fue leer sobre ellos, ver fotos y videos y seguir así hasta que llegó el momento de independizarme. Cumplí mi sueño y no tuve ninguna duda a la hora de elegir a mi primer perro, Galo; y sí, lo compré de un buen criador, porque yo en ese momento desconocía mucho sobre la adopción de animales. (Después de Galo, no volví a comprar ningún animal, todos fueron adoptados).

Me mandaron una foto de Galo, era un bebé que cabía en la palma de la mano, pero hasta que no tuvo todas las vacunas puestas no me dieron permiso para ir a recogerlo. Recuerdo aquel 10 de agosto que, junto con dos amigas más, fuimos en coche a por él. Estaba tan ilusionada que, en cuanto lo vi, me puse a llorar. Después, fuimos todas juntas al centro comercial donde le compramos su comidita, su cama y a *zanahorio*, que se convertiría en su juguete preferido durante muchos años. Recuerdo la ilusión y esas ansias de su amor; quería que me quisiera, que supiera que yo era su mamá y que le iba querer y cuidar para siempre. ¡Qué bonito todo, ¿verdad?! Aún no sabía nada de lo que me esperaba por delante. Aquel pequeñín empezó a crecer a pasos agigantados, pero no crecía todo a la vez como los perros normales, parecía que se iba desarrollando por trozos. De repente, tenía unas patas desproporcionadas en relación a la cabeza; un par de semanas después, la cabeza era gigante en comparación al cuerpo... Decidí cogerme unos días de vacaciones para poder estar con él en sus primeros días en casa y ver cómo se adaptaba.

Por aquel entonces, yo compartía piso con una amiga. Antes de que volviera al trabajo, mi amiga me recomendó que deberíamos dejarlo solo un ratito, para ir acostumbrándolo y ver qué tal se portaba, así que decidimos salir y quedarnos un rato sentadas en la escalera. Mientras esperábamos, pensábamos en qué estaría haciendo Galo. Pasados unos 15/20 minutos entramos a la casa. Estaba todo en silencio y pensamos que seguramente se había quedado dormido, hasta que entramos en el salón. La imagen que se presentó ante mí fue grotesca; Galo estaba tumbado encima del sofá y entre las patas tenía el costurero que había conseguido abrir y había escarbado dentro: estaba completamente lleno de agujas e hilos. Nos quedamos heladas, le dije a mi amiga que no hiciera ningún movimiento brusco y que nos iríamos acercando poco a poco, mientras intentábamos mantener la calma para que no se moviera por el sofá lleno de alfileres. Solo hicieron falta 10 minutos y ya estábamos en el coche, camino al veterinario, por si se había tragado alguna aguja. Le hicieron unas radiografías y nos mandaron a casa porque estaba bien... y eso habían sido los primeros 15 minutos solo. De ahí en adelante, podríamos decir que todo fue en picado.

Esa fue la primera carrera al veterinario de la larga lista que tendríamos que hacer.

Un día, al volver de trabajar, no teníamos sofá: había desaparecido la mitad, literalmente; al siguiente, se había comido un trozo de pared; si nos quitábamos las gafas y las dejábamos en la mesita para dormir la siesta, al despertarnos se las había comido. Yo estaba tan asustada y tenía tanto miedo por mi chiquitín, que todo eran visitas al veterinario porque no podía creer que un cachorro fuera capaz de comerse unas gafas, un móvil o cosas por el estilo, sin que le perforara el estómago, pero lo cierto es que le sentaban de maravilla.

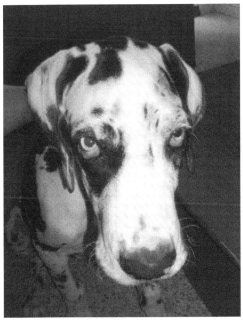

Galo después de comerse el sofá

Acostumbrarle a hacer sus necesidades en la calle, podríamos decir que fue también una aventura épica. Recuerdo esas noches en las que me daban las 12:00 y la 1:00 de la madrugada intentando que hiciera pipí y caca; a veces, era tal la desesperación, que se me pasaba por la cabeza la idea de bajarme los pantalones y hacer pipí yo en el descampado para que lo viera, pensado que así tal vez supiera que eso era lo que tenía que hacer, para no pasarme horas en la calle, en medio de la oscuridad, por gusto. Uno de esos días, en los que después de llegar a casa a las 12:30 de la noche, de repente, se hizo un pipí gigante (por lo visto, había estado aguantándose para poder hacerlo en casa). Fui a por el cubo de fregar, eché el agua y la lejía y fregué el suelo del salón; hablábamos mi amiga y yo, comentando cómo era posible que fuera capaz de aguantarse durante tantas horas durante el paseo y tan pocas cuando estaba en casa, cuando de pronto nos pareció oír una cascada. Nos quedamos calladas, ¿qué era ese ruido? Las dos lo identificamos en el mismo segundo, nos miramos a los ojos y salimos corriendo. Galo se estaba bebiendo el agua del cubo donde había echado la lejía... y esa fue nuestra quinta visita al veterinario.

Sé que a muchos perros les gusta la comida, pero nunca vi otro perro que le gustará tanto como a Galo. Aprendimos que nunca debíamos dejar nuestra comida, si tocaban a la puerta o llamaban al teléfono de casa, nos levantábamos con nuestro plato de comida. Nuestro amigo no necesitaba que te despistaras más de un segundo para que lo que tuvieras en tu plato y la comida desapareciera; una de las cosas más increíbles fue la desaparición de una toña entera, en menos de tres segundos. Lo peor es que no solo intentaba comerse la comida en nuestra casa, sino que, al sacarlo de paseo, era una especie de aspiradora cuya misión era sorber cualquier cosa que a él le pareciera mínimamente comestible. Recalco la palabra "pareciera", porque muchas de esas cosas no eran verdaderamente comestibles. La peor de ellas fue un preservativo usado que mascaba cual chicle de fresa. Recuerdo mi pánico por si se asfixiaba, mezclado con el asco máximo, y en ese momento, mientras le abría la boca y metía la mano para sacárselo, al tiempo que lloraba y aguantaba las arcadas, comprendí la famosa frase: *"Una madre es capaz de hacer cualquier cosa por su hijo"*.

Galo también era un perro muy cariñoso. Cuando íbamos en el coche, siempre intentaba ir lo más cerca posible de la parte delantera. Un día, me dijeron que me podían multar y que no era seguro llevarlo suelto en el coche, así que compré una red de seguridad para separar los asientos delanteros de los asientos de atrás, donde iba Galo. Coloqué la red con toda mi ilusión y ese mismo domingo mis amigas y yo decidimos ir de excursión. Como Galo necesitaba toda la parte de atrás para él, una amiga se llevó su coche, en el que iban algunas chicas más, y yo iba en mi coche con mi amiga Laura y Galo detrás, que constantemente empujaba la red con la cabeza, para intentar llegar a tocar mi hombro. Laura y yo nos reíamos muchísimo, viendo lo cariñoso que era y las ganas que tenía de estar con nosotras, no se cansaba nunca de que lo tocaras, siempre quería más y más y más caricias. Recuerdo cómo íbamos así en el coche, riendo, cuando de repente mis amigas que iban en el coche, delante, pararon. *"¿Qué ocurre?"*, nos preguntamos. Estaba pasando una carrera ciclista por donde nosotras íbamos y allí estaban unos chicos de protección civil cortando el paso. Laura y yo nos quedamos tranquilas en el coche, no teníamos prisa, Galo estaba tranquilo y no nos importaba esperar a que pasara la carrera ciclista, cuando de repente me noté algo húmedo que me rozaba los tobillos. Me asusté muchísimo y grité; cuando miré abajo no me lo podía creer; media cabeza de Galo salía de debajo de mi silla y estaba estirando la lengua al máximo para llegar a chuparme los tobillos, pero entonces, cuando intentó ir hacia atrás y volver a su asiento, me di cuenta de que no podía, se había quedado encajado debajo de la silla del conductor, con la cabeza en la parte de delante y el cuerpo en la parte de atrás. Sufrí un ataque de pánico al ver a mi peludo encajado de aquella manera. Mi amiga intentaba tranquilizarme. Bajamos del coche y avisamos a las otras amigas. Debatíamos si desmontar la silla, si la movíamos podríamos pillarlo y hacerle más daño. Me agobié tanto, que empecé a llorar. Ninguna se podía explicar cómo había cabido por ahí, lo único que puedo contar es que terminamos cruzando la carrera ciclista, escoltadas por la policía local hacia un veterinario, después de haber discutido con un pobre chico de protección civil que no nos dejaba pasar, al que en ese momento de estrés le amenacé al famoso estilo mafioso (pasando mi pulgar por el cuello), diciéndole que si le pasaba algo a mi perro me había quedado con su cara y volvería a por él. Es increíble lo que una madre puede hacer cuando está preocupada por su *perrhijo*.

Cuando Galo finalmente se hizo adulto era un perro precioso y gigante, pero siempre tuvo la misma mentalidad de bebé, siempre quería estar en brazos aunque ya era prácticamente imposible. Tenía un pánico horrible a las alturas, de modo que si se subía en cualquier escalón un poco más alto de lo normal, debíamos armarnos de valor para coger esos 80 kilos de peso en brazos y bajarlo del escaloncito.

Por circunstancias de la vida, durante unos años vivimos en Cerdeña, Italia. Cada vez que iba y volvía de allí a casa o viceversa, realizaba el trayecto en coche, no quería que mi chico miedoso pasara por el estrés de un viaje en una bodega. Seguro que no mucha gente ha hecho un viaje de 1600 km en un Citroën C3, con un perro encajado en los asientos traseros. Me sentía totalmente observada, la gente discutía sobre si era un perro lo que llevaba en el coche o una vaca. Supongo que sería muy gracioso ver cómo mi pequeño coche se movía en los semáforos al ritmo de la respiración de Galo. Cuando llegábamos a Livorno cogíamos el Ferry que nos llevaba a la isla (uno de los pocos que permiten a los animales viajar junto a sus dueños) y pasábamos la noche en el camarote, abrazados en nuestra cama, mareándonos juntos.

Me encantaba ir con mi chico siempre que podía y me lo solía llevar cuando quedaba a comer, a cenar o a tomar algo. Cómo no, cometí el típico error, supongo que de principiante, de atarlo a una mesa, pensando ingenuamente que no iba a poder moverla pero... sí pudo. Con mesa incluida, salió corriendo por la acera; de la mesa salieron volando las bebidas, los platos, los cubiertos... lo peor es que cuando se dio cuenta que llevaba la mesa detrás de él se asustó, así que, cada vez corría más para intentar alejarse de la mesa, pero entonces la mesa cada vez iba más rápido, lo que hacía que se asustara más. Fue un *show* conseguir cogerlo y, gracias a Dios, los dogos alemanes no son tan ágiles como los galgos, si no, todavía estaría corriendo con una mesa atada.

Galo hacía muchas trastadas si se quedaba solo durante mucho rato, así que una de las soluciones fue buscar una guardería para perros. Encontré una preciosa, donde había campo y terreno donde jugar con más perros e, incluso, un caballo. Solo bastó un día para darnos cuenta que los demás perros le hacían *bullying*, por lo que Galo se pasaba el rato con el caballo. Me parecía muy gracioso que hubiera hecho amistad con un caballo. Como era tan grande, pensé que, quizás, se veía más cerca del caballo que de los otros perros, pero al poco tiempo descubrimos por qué le gustaba tanto estar junto al caballo. Un día, cuando fui a recogerlo, él estaba junto a su amigo caballo, me vio y como siempre vino corriendo hacia mí, a saludarme con su cara de felicidad, y yo feliz a su vez lo esperaba con los brazos abiertos, pero conforme se iba acercando, me iba percatando que tenía todo el morro marrón. Al principio, pensé que era tierra que había estado escarbando, haciendo algún agujero, pero en cuanto se acercó, no tuve ninguna duda gracias al olor. Sí, a Galo le gustaba tanto estar con el caballo porque le gustaba mucho comer algo que salía "del" caballo. Recuerdo ese viaje hasta llegar a casa como uno de los peores de mi vida. El olor era insoportable; cada vez que Galo jadeaba no se podía respirar en el coche, a pesar de llevar todas las ventanillas bajadas y el aire acondicionado. Fue la primera vez que le lavé los dientes a un perro.

En la playa

Mi chico también era muy miedoso, hasta tal punto, que no necesitaba más que hiciera un viento fuerte para no querer salir de casa. Si íbamos paseando y veía algo extraño en la calle, por ejemplo, un contenedor de obras o una montañita de gravilla, ya no quería pasar por allí y debíamos dar la vuelta para buscar otro camino... y así seguimos hasta que llegó a nuestras vidas Minnie, su hermana.

Creo que cuando compartes tu vida con un animal vives algunos momentos que son inolvidables. He sido muy feliz al lado de mis chicos, estoy convencida de que mucho más de lo que habría sido sin ellos.

Un tiempo después, recogimos una gatita de la calle que acabó también formando parte de nuestra familia. Vivimos juntos y felices durante mucho tiempo. Galo siguió babeando, rompiendo y disfrutando de la vida como solo él sabía hacer. Sin embargo, un buen día, fuimos de visita al veterinario para que le curara una herida que le había salido en una pata y, por desgracia, la herida no era tal, sino un cáncer. Se lo extirparon y estuvo bajo tratamiento con quimioterapia. Gracias a esto pudo vivir dos años y medio más, con calidad de vida, siendo feliz y haciendo de las suyas.

Galo no cambió con el tiempo, no maduró; como solemos decir, tenía el síndrome de *Peter Pan*. Recuerdo un día, ya casi al final de su vida, al llegar a casa con mi marido (sí, Galo me acompañó desde la etapa de compartir piso hasta llegar a casarme y formar mi familia) y abrir la puerta, nuestro primer pensamiento fue que habían entrado ladrones a robarnos, hasta que nos dimos cuenta que todo lo que había por en medio, en el suelo, por las paredes, por el sofá, en fin, por todas partes, eran alimentos que teníamos en nuestra nevera. Nunca había pensado que un perro fuera capaz de comerse todo lo que Galo se comía, entre ello, una docena de huevos sin cocinar, con cáscara y todo, pero bueno, por otra parte, tampoco había pensado nunca que un perro podía aprender a abrir una nevera.

Al final, Galo tuvo suerte, se fue en apenas una semana. Empeoró y aunque probamos diferentes tratamientos para ver si remontaba, su riñón ya no respondió y no hubo nada que hacer. Recuerdo esos días de insomnio en el sofá, mis esfuerzos para intentar que saliera adelante, para mantener la esperanza. Fueron días de intentar negociar y suplicar al destino que me lo dejara un poco más, pero la vida simplemente pasa, no pide permiso ni cede a chantajes.

Hablé con su veterinario Pedro, pues no quería despedirme de él en el suelo de una consulta veterinaria y vino a casa a eutanasiarlo. Cuando sonó el timbre, yo estaba en estado de shock. Lo único que recuerdo es que no quería abrir la puerta, no quería hacerlo, pero mis piernas se movieron solas, me llevaron hasta la puerta y la abrí. No quería hacerlo pero era lo que debía hacer. Se lo debía a él, a mí y a nuestro amor. A veces, tenemos que hacer cosas muy difíciles por los seres a los que amamos. Eso es el AMOR, en mayúsculas.

Galo se fue tranquilo, en su casa, en su cama y rodeado de sus juguetes y de *zanahorio*, con su mami tirada en el suelo, abrazándolo.

"Me parecía que eras inmortal, has hecho tantas trastadas, has digerido cosas tan impensables, que creía que por dentro no eras de carne y hueso, sino una especie de máquina tipo terminator".

Ha llegado el momento de despedirnos, lo acaricio por todas partes, quiero que mis dedos y mi memoria no olviden nunca dónde tenía sus manchas y la forma de sus almohadillas. No puedo evitarlo y con lágrimas en los ojos y besándole por todas partes; el morrito, la nariz siempre fresquita , las patitas, las orejas, lo único que pude decirle es: *"Has sido el peor perro del mundo, pero el mejor para enseñarme a amar. Gracias por haber sido mi compañero, te quiero con todo mi corazón. Espérame en el arcoíris".*

Con él, no se fue solo mi *perrhijo*, se fue una parte de mi vida, se fueron las trastadas, las risas, las babas, los abrazos gigantes, mi época de soltera. No solo lloré por él, sino por el final de un tiempo de mi vida que no quería que terminara. Lloré por todo lo que habíamos vivido, pero también por todo lo que ya no sería, por lo que ya no viviríamos juntos. Un tiempo después, cuando el dolor amainó, entendí que la vida es eso, etapas, y lo importante es sacar un aprendizaje de cada una. Yo aprendí el significado del amor incondicional: no necesité que mi perro fuera el mejor para quererlo con todo mi corazón.

"Somos todos los trozos de lo que recordamos. Tenemos en nuestro interior las esperanzas y los temores de aquellos que nos aman. Mientras haya amor y memoria, no existe la auténtica pérdida". (Cassandra Clare)

Nuestra última foto

2. Llegó el momento.
¿Adiós o hasta pronto?

Un día, simplemente, llega ese momento tan temido, ese momento en el que ninguna de las personas que tenemos un amigo de cuatro patas queremos pensar, y llega, estés preparado o no.

Como todo lo escrito en este libro, es muy difícil generalizar; quizás, tu compañero llevaba mucho tiempo enfermo; quizás, ha sido fruto de la vejez o, por el contrario, puede haberse ido de forma más inesperada, como un accidente o una enfermedad rápida cuando aún era joven; puede haberse ido de forma natural o que haya sido preciso practicarle la eutanasia. Estas circunstancias marcarán, ya sea para facilitar o dificultar el proceso de duelo.

Las muertes repentinas son más difíciles de asimilar, debido a la falta de preparación. Si a esto se le suma una muerte violenta, como puede ser un accidente o el ataque de otro animal, el sentimiento de estupor y dolor es máximo. Si no estamos presentes, la incógnita de las circunstancias a veces es peor que el conocimiento de lo sucedido y genera un sentimiento de culpa inherente. Una enfermedad prolongada que acaba desgraciadamente en la muerte es más fácil de digerir, ya que muchas veces el proceso de duelo puede empezar mientras nuestro compañero todavía sigue vivo, pero ante la certeza de que no se va a recuperar, es también increíblemente duro ver a tu pequeño sufrir, sin poder aliviar su dolor. Esto crea angustia y debilita a la familia. Muchas enfermedades, incluso, parecen remitir para luego empeorar y, al final, el cuidado puede resultar estresante y agotador. Las muertes tranquilas una vez alcanzada la vejez como, por ejemplo, las que se producen durante el sueño, dan la esperanza de un proceso fácil, sin sufrimiento para nuestro amigo y son, quizás, las más fáciles de asimilar, porque encontramos algo a lo que poder agarrarnos; nuestro amigo se ha ido sin sufrir. Sea como fuere, en ese momento se te cae el mundo encima. Sientes una grieta en el corazón que se va abriendo paso y haciéndose cada vez más profunda, un dolor incluso físico y una tristeza muy difícil de sobrellevar, no puedes imaginarte tu vida sin él, pero sabes que ha llegado el momento de la despedida.

En sus últimos suspiros, poco hay que pueda decirte para amainar tu dolor, solo pedirte humildemente que dentro de tus posibilidades intentes facilitar a tus queridos animales el proceso de morir; intenta estar a su lado si te es posible; por favor, nunca los dejes solos si se les va a practicar la eutanasia, ellos te quieren y te necesitan, haz este último gesto de amor incondicional, para devolverle un poco de tanto como te ha dado tu peludo; debes trasmitirle amor, tranquilidad y uno de los sentimientos más poderosos del mundo, la gratitud. Intenta crear un entorno apacible y sereno, y despídete de él dándole las gracias, gracias por tanto compartido, gracias por haber coincidido en esta vida; puedes dárselas internamente o en voz muy bajita y tranquila: *"Hasta pronto. Te quiero. Que volvamos a vernos".*

Si no has podido estar con él en sus últimos momentos, no te preocupes, te aseguro que él sí que ha estado contigo; cuando la conciencia se nubla, esa habrá sido su última imagen: tú.

En estos primeros momentos, dependiendo de las circunstancias y de la personalidad de cada uno, se puede producir un estado de shock (véase en el capítulo dedicado a *Las etapas del duelo*). Si esto nos ocurre, parece que estemos en una nube, que nada de lo que sucede es real. Reaccionamos así porque nuestro cerebro se bloquea ante una situación difícil de asumir para nosotros. El estado de shock puede durar minutos, horas o días, y aunque en un principio pudiera parecer que no le está haciendo ningún bien a la persona que lo padece, la verdad es que la está ayudando a asimilar poco a poco esa realidad tan dolorosa que el cerebro se niega a aceptar rápidamente. En esta fase, normalmente suele ocurrir una negación o incredulidad ante la muerte de nuestro animal. No podemos creer que nuestro amigo ya no esté, que ya nunca lo volveremos a ver, que no estará en casa esperándonos, que no volveremos a disfrutar juntos.

Yo personalmente soy una persona propensa a sufrir un estado de shock ante el fallecimiento de mis peludos. Cuando falleció mi mejor amiga de la infancia, Kira, me abracé a ella y a ese cuerpo que tanto había querido e intenté recordar todos nuestros momentos juntas; pasados unos minutos (desde mi percepción) me dijeron que habían venido a recogerla. Los "minutos" que había estado abrazándola habían sido, en realidad, 6 horas. Muchos años después, he tenido que realizar el acto de amor más duro e incondicional que existe: eutanasiar a mis dos *perrhijos*, Galo y Minnie. Supongo que es una prueba que la vida te pone delante, para ver hasta qué punto eres capaz de amar a otro ser, incluso, por encima de ti mismo. Sabes que dejarlos ir será increíblemente doloroso para ti, pero quedarse será increíblemente doloroso para ellos. Cuanto tuve que eutanasiar a Minnie, todo ocurrió como en un sueño inconexo, mezclando momentos en los que era consciente con otros que se encuentran borrosos en mi mente. No era capaz de hablar, las lágrimas no me permitían ver su carita apoyada completamente sobre mis manos. Cuando su naricita dejó de inspirar, un quejido salió de dentro de mí. ¡Qué doloroso es cuando te arrancan un pedazo de tu alma!

El fin mismo de este libro no es otro que aliviar y ayudar a superar un hecho tan triste como es perder a nuestro compañero peludo. Sé que es un fin muy ambicioso, ya que en este momento no habrá nada que pueda aliviar mínimamente la pena y el dolor que sientes por esta pérdida; lo único que puedo decirte es que el tiempo es tu amigo y está a tu favor. Aunque en un principio te parezca imposible que la tristeza vaya a disminuir, te aseguro que así será, hasta tal punto, que un día podrás mirar atrás y recordar a tu amigo no con lágrimas en los ojos sino con una sonrisa en el corazón. Y aunque en este momento, seguramente, la pregunta que te viene a la mente es ¿por qué?, ¿por qué se ha tenido que ir ya?, ¿por qué viven tan poco los animales?, ¿por qué ha tenido que pasarle a él? Te pido que intentes cambiar ese ¿por qué? por un gracias. Gracias porque he tenido la oportunidad de conocerte, gracias por tantos momentos compartidos, gracias por haber hecho tan feliz a esta familia, gracias por haber sido nuestro compañero.

A veces, lo que desde nuestra percepción es un adiós, en realidad es solo un hasta pronto. Creo firmemente que venimos a esta vida a aprender lecciones; hay gente que las aprende muy rápidamente, mientras otros tropiezan con la misma piedra infinidad de veces. Estoy segura de que si miras a tu alrededor, tú también lo percibirás.

Nos ocurren aquellas cosas que necesitamos para crecer; muchas veces son dolorosas y es muy difícil entenderlo cuando nos pasan a nosotros mismos, pero si miras a la gente de tu entorno, quizás, puedas descubrirlas más fácilmente. Estoy convencida de que los animales tienen menos lecciones para aprender que nosotros, sin egos, sin avaricia, sin maldad, viviendo el presente, amando incondicionalmente... Para mí está claro que nosotros tardamos toda una vida en llegar a ese nivel, si es que lo conseguimos. No es extraño que ellos necesiten estar menos tiempo aquí, pues ya saben mucho más de la vida que nosotros.

UN PERRO HA MUERTO

Mi perro ha muerto.
Lo enterré en el jardín
junto a una vieja máquina oxidada.
Allí, no más abajo,
ni más arriba,
se juntará conmigo alguna vez.

Ahora él ya se fue con su pelaje,
su mala educación, su nariz fría.

Y yo, materialista que no cree
en el celeste cielo prometido
para ningún humano,
para este perro o para todo perro
creo en el cielo, sí, creo en un cielo
donde yo no entraré, pero él me espera
ondulando su cola de abanico
para que yo al llegar tenga amistades.

Ay no diré la tristeza en la tierra
de no tenerlo más por compañero
que para mí jamás fue un servidor.
Tuvo hacia mí la amistad de un erizo
que conservaba su soberanía,
la amistad de una estrella independiente
sin más intimidad que la precisa,

sin exageraciones:
no se trepaba sobre mi vestuario
llenándome de pelos o de sarna,
no se frotaba contra mi rodilla
como otros perros obsesos sexuales.

No, mi perro me miraba dándome la atención necesaria
la atención necesaria
para hacer comprender a un vanidoso
que siendo perro él,
con esos ojos, más puros que los míos,
perdía el tiempo, pero me miraba
con la mirada que me reservó
toda su dulce, su peluda vida,
su silenciosa vida,
cerca de mí, sin molestarme nunca,
y sin pedirme nada.

Ay cuántas veces quise tener cola
andando junto a él por las orillas del mar,
en el Invierno de Isla Negra,
en la gran soledad: arriba el aire
traspasando de pájaros glaciales
y mi perro brincando, hirsuto,
lleno de voltaje marino en movimiento:
mi perro vagabundo y olfatorio
enarbolando su cola dorada
frente a frente al Océano y su espuma.

alegre, alegre, alegre
como los perros saben ser felices,
sin nada más,
con el absolutismo de la naturaleza descarada.
No hay adiós a mi perro que se ha muerto.

Y no hay ni hubo mentira entre nosotros.
Ya se fue y lo enterré, y eso era todo.

(Pablo Neruda)

3. La muerte: de vivir entre nosotros a vivir en nosotros

Te voy a hacer una pregunta muy directa: *"¿Piensas en tu muerte?"*.

Supongo que para muchas personas no es una pregunta muy agradable, pero te voy a ser sincera, ya seas religioso o ateo, no deberías evitar pensar en ella. La inevitabilidad de la muerte, tanto tuya como de los seres de tu alrededor, es tu mejor baza para vivir. Solo tenemos una certeza en esta vida, y es que vamos a morir.

Nos enseñan muchas cosas en nuestros años de estudiantes pero, por desgracia, no nos enseñan alguna de las más importantes, como por ejemplo, enfrentarse a la muerte. Desde pequeños, invertimos mucho tiempo en aprender cosas como las matemáticas, la lengua o, incluso, el dibujo, pero nadie nos enseña a hacerle frente a la muerte, el duelo o a la separación de los que más amamos.

Ninguno hemos recibido formación para entender el proceso por el que tenemos que pasar al despedirnos de alguien a quien queremos, qué emociones vamos a sentir, qué funciones desempeñan, cómo gestionarlo y qué cosas nos pueden ayudar a sobrellevarlo... Esto es muy simple, no hemos recibido educación emocional.

Seguramente, si viviéramos bajo la certeza de la muerte, tomaríamos muchas decisiones de forma completamente diferente a como lo hacemos ahora. ¿Te preocuparías por cosas triviales si tuvieras asumido que tarde o temprano vas a morir? ¿Te enfadarías con ciertas personas muchas veces por nimiedades sabiendo que tu tiempo con ese ser es limitado? ¿Intentarías cumplir tus sueños sabiendo que tu vida es efímera? Estamos aquí por poco tiempo y no tenemos que vivir nuestra vida para agradar a otras personas o conseguir reputación, sino que tenemos que vivir nuestra vida, simplemente, para disfrutarla y disfrutar de nuestro alrededor. Déjame que te recuerde algo que sabemos pero que muchas veces olvidamos; cuando llegue la hora, tanto tuya como de tus seres queridos, lo que nos vamos a llevar no va ser el trabajo que hemos tenido ni el modelo del coche que nos hemos comprado ni el iPhone o la ropa de marca; en ese momento, lo que quedará dentro de nuestro corazón serán los momentos que hemos compartido en compañía; los paseos, los días de playa, los viajes, las comidas todos juntos... eso es lo que nos vamos a llevar, así que hacia eso deberían estar encaminadas tus energías. ¿Tu amigo peludo prefiere que le compres un hueso de la mejor marca posible y lo dejes en casa royéndolo o pasar una tarde de juegos juntos en el parque? Crea la vida que quieres, crea los momentos que quieras llevarte, porque eso es lo único que te va a quedar. ESO ES LO VERDADERAMENTE IMPORTANTE.

La muerte es dolorosa porque la percibimos como una rotura. Lo que nos unía a ese animal tan amado se ha roto, estamos separados en el tiempo y el espacio. Esto nos produce un gran dolor porque queremos a nuestro compañero con nosotros, queremos verlo una vez más, poder abrazarlo y disfrutar con él, pero... y si te dijera que la muerte no es una ruptura sino simplemente un cambio. Nos resistimos a la muerte, luchamos contra ella, lloramos y nos llenamos de rabia e impotencia, pasamos caminando por el sendero de nuestro duelo para aceptar finalmente que ese ser tan amado ya no está más. Aquí, muchas personas tendrán su propia idea, basada en la religión o en el ateísmo, de la muerte; para unos, existirá el cielo; para otros la reencarnación, y para algunos, simplemente la nada. Nuestras creencias también influyen en el momento del duelo por nuestro peludo. Evidentemente, tener una opinión positiva y espiritual de la muerte es un consuelo más, que puede iluminar levemente nuestro camino. No hay nadie que nos pueda confirmar que la muerte lleva a la destrucción completa del ser. Mi consejo es que escojas el escenario más positivo, esperanzador y bonito que puedas, en vez de entregarte al panorama más negro y deprimente posible; nada está probado, nadie sabe qué hay allí; entonces, ¿por qué quedarte con lo peor? (Véase capítulo *La leyenda del puente del arcoíris*).

Es algo difícil de asimilar, pero créeme cuando te digo que no hay separación, porque esa unión que hemos experimentado con nuestros seres queridos es irrompible. Los vínculos que nos unían a nuestro peludo no eran solo en un plano físico, sino en un plano muy superior y llegará un momento en el que verás que te ha sido dado un gran regalo; compartir un tiempo muy valioso con tu compañero y eso es todo lo que necesitas, guárdalo dentro de ti para siempre, mientras vivas ya no habrá separación. Ciertamente, no estoy aquí para decirte dónde está tu amigo o en qué debes creer, pero permíteme que te diga algo; él no se ha ido y nunca se irá, aunque tú lo sientas como una ruptura, la verdad es que una parte de tu compañero siempre estará contigo y esto no es algo espiritual ni utópico, es un hecho. Pasan de vivir entre nosotros a vivir EN nosotros. Cada persona o animal que se cruza en nuestra vida, con el que compartimos hogar, momentos y tiempo nos cambia, ejerce un poder en nosotros; nos enseña y aunque parezca que se vaya, porque ya no está con nosotros físicamente, lo cierto es que el tiempo que hemos compartido nos ha cambiado, nos ha hecho diferentes y una parte de ellos ha entrado dentro de nosotros; así que siempre vamos a estar unidos por esto. Seguramente, no seríamos las mismas personas si no hubiéramos conocido a un ser en particular; si no hubiéramos nacido dentro de una determinada familia, no habríamos vivido la misma vida, no habríamos aprendido las mismas lecciones, por lo que podemos pensar que lo que somos es una mezcla o está aderezado por todas las personas y animales con los que hemos tenido un vínculo y, aunque de alguna forma ese vínculo se rompa, una parte de ellos siempre estará inmersa dentro de nuestra personalidad y de nuestro corazón; ese vínculo se puede romper físicamente, pero no se romperá a nivel psíquico y emocional. El amor no se acaba por la presencia o ausencia del ser amado, el amor permanece más allá y es precisamente ese amor lo que seguirá manteniéndonos unidos, cada vez que lo recordemos, cada vez que nuestras historias compartidas vengan a nuestra mente y nos enfoquemos en los momentos alegres, nos llenaremos de todo lo bueno de ese ser que amamos y que vivirá para siempre en nosotros.

A mí personalmente, cada animal que he querido y que he amado me ha enseñado algo, me ha hecho aprender, me ha hecho ser mejor. Desde la dulzura de Kira, mi primera compañera con la que compartí cama desde los 9 hasta los 24 años; pasando por Gala y King, que me enseñaron la inocencia; siguiendo por Galo, que me enseñó la paciencia y el amor incondicional ya que, como sabéis, fue el peor perro del mundo, y sin embargo lo quise cada día de su vida y lo querré cada día de la mía, y terminando por Minnie, que me enseñó el poder del amor porque, verdaderamente, el amor puede cambiarlo todo. Cuando la adopté, hice de su final nuestro principio y ella hizo que descubriera lo agradecido que puede ser ayudar a los demás.

Cada uno de ellos, igual que cada uno de los que todavía están conmigo, han dejado un trocito de ellos en mi corazón, me enseñan y me moldean y soy lo que soy también gracias a ellos.

"Sucede que cada vez que pierdo un perro, se lleva un pedazo de corazón con el. Y cada perro que entra en mi vida, me regala un trozo del suyo. Si logro vivir lo suficiente, todas las partes de mi corazón serán de perro y llegaré a ser tan generoso y bueno como lo son ellos".
(Anónimo).

"Hemos aprendido mucho sobre la pérdida gracias a los moribundos. Los que han estado técnicamente muertos y los han hecho volver a la vida, nos transmiten algunas lecciones claras y sencillas.
Primero, aseguran haber perdido el miedo a la muerte. Segundo, dicen que ahora saben que la muerte solo es desechar un cuerpo físico, muy semejante a quitarse un conjunto de ropas que ya no son necesarias. Tercero, recuerdan haber tenido una profunda sensación de integridad en la muerte, haberse sentido conectados con todo y con todos, y sin ninguna sensación de pérdida.
Finalmente, nos cuentan que nunca estuvieron solos, que alguien estaba con ellos".
(Elisabeth Kübler-Ross).

4. El luto

Aunque las palabras luto y duelo, a priori puede parecer que signifiquen lo mismo, no es así. Corresponden a diferentes procesos relacionados con la pérdida de un ser querido.

El luto es la expresión medianamente formalizada de responder a la muerte de alguien de nuestro entorno; es decir, la muestra externa de los sentimientos de pena, duelo y respeto por el fallecido y su familia. Esto incluye velatorios, entierros y ropa de colores oscuros, entre otros, y varía muchísimo de una sociedad a otra.

El luto puede ser también el darte unos días para ti, para asimilar lo que ha sucedido, es como un *stand by*. Si lo necesitas, hazlo. De hecho, es muy recomendable; está demostrado que tras una pérdida, la gente que opta por volver enseguida a su trabajo, su vida normal, asistir a fiestas, poner buena cara para no angustiar aún más a la familia... pueden alargar más en el tiempo el periodo de duelo que viene a continuación del luto.

Actualmente, en muchos puntos de España, hay ya posibilidad de velar y realizar un rito de despedida de nuestros amigos. Podemos incinerarlos y recuperar sus cenizas para conservarlas junto a nosotros e, incluso, hay cementerios para animales de compañía donde podemos enterrarlos bajo su propia lápida, para ir a recordarlos. También existe la posibilidad de adquirir unas urnas biodegradables con semillas, que una vez plantadas se convertirán en árboles, que nos harán recordar a nuestro ser amado.

Las joyas funerarias o también conocidas como colgantes para guardar ceniza, permiten atesorar las cenizas de nuestros animales en su interior. Son piezas que puedes llevar contigo en todo momento, como cualquier joya tradicional. Las hay de diferentes formas y tamaños y aparentan ser adornos normales por lo que nadie sabrá que son funerarias si no quieres compartirlo. Estos conceptos han ganado importancia durante los últimos años, ya que tienen múltiples beneficios; proporcionan paz, tranquilidad y serenidad, al poder sentir una parte de nuestros compañeros cerca de nosotros, ya sea en una urna con su foto, un colgante o un árbol. Esta proliferación de accesorios mortuorios se debe a que, cada vez más gente, se niega a despedirse de su amigo sobre una fría mesa en una consulta del veterinario. Son una parte más de la familia para muchos hogares que optan por despedirlos y velarlos de forma más acorde a la importancia que tienen.

En este momento, también entrarán en juego las creencias de cada uno y su nivel de espiritualidad. Lo que está claro es que cualquier ritual para despedirnos de nuestros peludos, ya sea velándolos, escribiendo una carta, llorando toda la familia junta durante unas horas o realizando un acto simbólico, nos ayuda a aceptar la realidad de la situación, decir adiós y sacar cualquier sentimiento que se hubiera enquistado dentro: debería haberme dado cuenta antes de que estaba enfermo, ojalá no hubiera dejado abierta la puerta por donde se escapó, tendría que haber hecho más cosas con él... arrastrando un sentimiento de culpa que, muchas veces, se puede generar ante la pérdida.

Estos rituales son un acto de amor hacia nuestros compañeros, pero también hacia nosotros mismos. Habrá gente que se sentirá más cómoda realizándolos en soledad; sin embargo, si se trata de una familia unida ante el dolor, es mucho mejor realizarlo todos juntos. Puedes organizar un ritual, aunque sea unos días o semanas después del fallecimiento, cuando se está un poco más tranquilo, en algún sitio que le gustara especialmente a vuestro pequeño, algún sitio preparado para esto en vuestra zona o en casa. La idea es escribir una carta de despedida o improvisar unas palabras. Intentad siempre que sea de forma positiva, recordando más los buenos momentos y poniendo el foco en aspectos felices, antes que en los tristes, cada uno en la medida de sus posibilidades. Los niños (véase capítulo *El duelo en el niño*) pueden hacer un dibujo o dictar a un adulto lo que quieren decir. Una vez en el sitio elegido se leerán las cartas, poemas, canciones, dibujos... y después se quemarán en un sitio seguro o se romperán o lo que cada uno decida, aunque sugiero en ningún caso guardarlas, sino dejarlo ir.

Es importante en este acto no reprimirnos; si tienes que llorar, llora; si sientes ganas de estar triste o malhumorado, hazlo. Lo importante es abrirse a lo que sentimos, sacar fuera todo lo que hay dentro, sin juzgar nuestros sentimientos ni los de los demás. Los sentimientos que no se expresan se mueren en nosotros. El dolor compartido duele menos.

Algunas personas, en los primeros momentos de la pérdida de su amigo, se pueden ver sin fuerzas para realizar ningún ritual o ceremonia; sin embargo, no tiene por qué no celebrarlo un tiempo después; por ejemplo, si queremos esparcir las cenizas (consultar dónde puede hacerse en cada región) o en alguna fecha señalada como el aniversario de la muerte o el cumpleaños, puedes realizar un pequeño acto, dando la posibilidad a los familiares y amigos que quieran participar y respetando a los que no lo sientan así. Marca un tiempo específico para el ritual, con una estructura desarrollada de inicio, cuerpo y cierre. Lo mejor es utilizar este tiempo para recordar los buenos momentos disfrutados con nuestro amigo, agradecer el tiempo con él y todo lo que hemos aprendido y vivido; expresar lo que ha significado y sigue significando para nosotros y recordar sus travesuras, dando un toque de humor si es lo que sentimos; también sacando esas pequeñas espinas que se nos podrían haber enquistado en el corazón, como algún sentimiento de rabia o, incluso, pedir perdón si lo consideramos así. Recuerda siempre que lo que más daño nos hace dentro de nosotros son precisamente los pensamientos que no expresamos, así que esta es una buena oportunidad para vaciarte la mochila que muchas veces llevamos a cuestas.

Algunas personas pueden juzgar esto como una tontería o algo innecesario; sin embargo, no conozco a nadie que lo haya hecho y se haya arrepentido. A veces, el ritual más sencillo, como puede ser ver unas fotos y unos vídeos toda la familia junta y decir cada uno algunas palabras, puede ser una experiencia muy bonita y emotiva que merecerá la pena vivir.

Estas celebraciones marcan el final de una etapa y son una excelente oportunidad para estar juntos, unidos y compartir en familia, recordando todos los buenos momentos que hemos pasado con nuestro amigo y dando las gracias por haber podido compartir con él.

Ahora solo necesitas tiempo y ese tiempo que debemos concedernos para curarnos internamente las heridas es el duelo.

El rinconcito del parque de San Juan, Alicante. Cada cinta es en honor a un peludo que se fue; allí hacemos nosotros nuestro ritual de despedida. Si no hay algo así en tu ciudad, seguro que puedes proponerlo tú. En el cartel se puede leer: "Un rinconcito donde recordar a aquellos angelitos de cuatro patas que ya se fueron y que tanto quisimos, y que tanto nos dieron. Si tú también tienes un amigo peludo al que quieres honrar pon una cinta".

"Que el perro solo viva 15 años es
una estafa al amor".
(Anónimo).

"No llores porque ya se terminó,
sonríe porque sucedió".
(Gabriel García Márquez)

5. El duelo: viviendo la ausencia

La pérdida de tu amigo significa una ruptura más o menos inesperada de lo que ha sido vuestra vida hasta ese momento. A partir de ahora todo cambia y necesitamos un tiempo para adaptarnos. El duelo es una época dura, triste y difícil, donde se entremezclan emociones y sentimientos etiquetados como "no agradables", que pueden variar desde la confusión, la culpa, el enfado, la añoranza, desesperanza, tristeza... aunque personalmente creo que lo "no agradable" sería no sentirlos nunca, pues significaría que no sabemos amar, que somos personas con poca capacidad de sentir. ¡Qué triste debe ser eso!

No te preocupes por tener todo este barullo dentro de ti, el duelo no es más que una respuesta natural a un hecho que también es natural y que va indisolublemente unido a la vida. Es un periodo que, aunque en un primer momento no entendamos, nos va a aportar mucho crecimiento personal, muchas enseñanzas sobre el valor del tiempo, lo precioso de los momentos compartidos y va a acercarnos a nuestro interior y a nosotros mismos, cosas que de otra forma pasarían desapercibidas, dado el ritmo de vida de no parar que actualmente gobierna nuestro tiempo. Detente, conversa contigo mismo, pon nombre a los sentimientos que fluyen en tu interior, acostúmbrate a mirar tus pensamientos desde fuera, sin juzgarte, como si fueras un simple espectador, ilumina lo que ocurre dentro de ti y aprende a conocerte.

No te avergüences de sufrir por tu compañero peludo, sé sincero contigo mismo y con tus sentimientos, pues lo has querido y cuidado como a un miembro más de la familia y, en consecuencia, es lógico y normal que te afecte su muerte. Sinceramente, me parece mucho más vergonzoso la gente que después de tener a un animal a su lado durante años, apenas siente algo por su partida; incluso, los hay que abandonan a sus animales durante la vejez. Eso es lo que debería ser motivo de vergüenza; no tener capacidad de amar, no tener empatía ni compasión deja ver que hay un corazón frío y seco en el interior de esas personas. Tú, en cambio, demuestras ser alguien con alma, capaz de abrir tu corazón y de sentir en toda su plenitud. ¿Qué más da si tu vecino, tu cuñado o tu compañero de trabajo no lo entiende? Solo hay una persona a quien le debes algo, a la que le debes sinceridad y coherencia, y esa persona es la que te mira todas las mañanas desde el espejo.

El dolor emocional que sentimos cuando hemos perdido a un ser importante en nuestras vidas es un proceso normal; algunas personas se sorprenden porque sufren más la muerte de su animal de compañía que la de un familiar; no debemos preocuparnos ni sentirnos mal ante este hecho, todo tiene una explicación. Cuando perdemos a un ser querido, debemos adaptarnos a la vida sin él; esto es uno de los procesos más dolorosos que debemos superar, es mucho más duro cambiar nuestras rutinas diarias (los paseos, el momento de llegar a casa, el hueco que queda en el salón donde antes estaba su cama...) que, por ejemplo, adaptarnos a la rutina cuando fallece un tío lejano que veíamos dos veces al año. En este último caso, nuestro día a día no cambia, lo echaremos de menos en las reuniones familiares y recordaremos nuestras conversaciones y su humor, pero no tendremos el peso constante de su ausencia, ya que nuestra vida seguirá prácticamente igual en sus hábitos, no en vano los factores que más suelen influir en el duelo son el entorno sociocultural, la intensidad de la unión y la proximidad de la convivencia. Así que no te preocupes, no eres un bicho raro ni una mala persona. Si pasabas muchas horas con tu peludo, dormíais juntos, disfrutabais de juegos o paseos diarios, es completamente normal que tu duelo por él sea más difícil de elaborar que el pasado por algunas personas de tu entorno más lejano.

Sé que decir esto es políticamente incorrecto en nuestra sociedad y que es un tema bastante tabú, pero creo que ya es hora de abrir esta puerta y poder expresar el amor que sentimos por nuestros animales, sin sentir miedo a que aparezcan las típicas críticas: *"¿Qué pasa, quieres más a los animales que a las personas?"* Pues hombre, depende de qué animal y de qué persona.

Cuando nuestro compañero se va, muchas veces nos encontramos sin motor, porque él era una motivación para algunos aspectos de nuestra vida; entonces, el duelo se convierte en un duelo más; no solo lloro su ausencia, sino aquellas partes mías que ya no serán. También lloro por el pasado, pues es un trozo de mi vida que me ha sido arrebatado; todo lo que hemos vivido juntos, toda nuestra proyección en común se ha quedado coja. Lloro por mi amigo, pero también lloro por mí. Yo, personalmente, disfruto enormemente de hacer senderismo por la montaña y siempre iba acompañada de mi peluda Minnie, siempre las dos juntas caminando por los senderos, disfrutando de las vistas, descansando en parajes preciosos y compartiendo esa conexión con la naturaleza. Cuando se fue, por un tiempo fui incapaz de volver a "nuestra montaña", me sentía extraña, desubicada y más sola que nunca. Mi propia y única presencia me asfixiaba, en un recuerdo constante de la ausencia de ella. El sentimiento de desamparo no es solo porque se ha ido mi chica, sino porque se han ido nuestros días de excursión, de disfrutar de esos paseos y de esas vistas, porque para mí, una parte importante era compartirlo con ella; así, incluso mi capacidad de disfrutar está totalmente mermada, ya que me falta el goce de esa pequeña a la que siempre tenía a mi lado y que sin darme cuenta potenciaba la manera en que disfrutaba de las cosas. Recuerdo también el dolor de asumir que nunca ningún otro ser me miraría como ella, mi reflejo en sus ojos mirándome con el amor, la devoción y la ternura de quien sabía que había tenido una segunda oportunidad gracias a mí. Lloré mucho por aquella parte mía que ya no será y por lo que me hacía sentir. Esto se llama el duelo por el espejo roto, es el duelo por esa faceta de nuestra personalidad que nuestro compañero lograba sacar fuera y que sin él ya no está. Un ejemplo sería el de un hombre de edad madura, empresario, bastante serio e imponente, que me comentaba desconsoladamente que él llevaba años siendo esa persona autoritaria que todo el mundo veía, menos cuando jugaba con su perro; entonces, volvía a ser un adolescente y se divertían juntos como niños. Ahora que su perro se había ido, esa faceta se había esfumado con él y solo le quedaba su parte de sobrio hombre de negocios. Superar el duelo es también volver a ser nosotros mismos, llenar ese vacío en nuestro interior.

Tenemos que pasar por el dolor, una bofetada casi física en el centro de nuestro ser, que la suele causar cualquier cosa que nos recuerde a nuestro amigo desaparecido: su cama, la correa, el juguete que tanto le gustaba... parece incluso necesario que nos deshagamos de esos objetos que nos causan tanto dolor pero, por otra parte, no queremos soltar los recuerdos, no queremos limpiar nuestro dolor, apartando aquellas cosas que aunque nos causen sufrimiento, parecen ser el vínculo que tenemos ahora con nuestro amigo. Ni es necesario que te deshagas de todo ni es necesario que guardes todo; recuerda que apartar no es lo mismo que superar. Si intentas deshacerte de todo para no pensar en tu duelo, no lo estás superando, sino solo escondiendo y quedará pendiente dentro de ti; además, pasado un tiempo, seguramente te arrepientas de no haber conservado ni un pequeño recuerdo de él. Si quieres deshacerte de todo y no necesitas tener nada físico de tu compañero porque lo tienes a él en tu corazón, me parece perfecto. Recuerda donar a la protectora más cercana todo las cosas de tu peludo, pues incluso en sus últimos momentos, estará haciendo un acto de amor por sus iguales. Tampoco deberías conservar todas sus cosas como si él siguiera aquí, ya que es una forma de negar la realidad de la muerte, es una maniobra de evitación; en estos casos, lo mejor es imponerte un tiempo para ir separándote de sus cosas gradualmente y cumplirlo.

El duelo nos afecta en diferentes aspectos: físico, emocional, intelectual, conductual y espiritual. En el periodo de duelo, la reacción es tan personal como personas estén sufriéndolo; como todo, en este libro es prácticamente imposible generalizar, pero vamos a intentar nombrar a continuación las reacciones más comunes y completamente naturales que se suelen dar. Si las padeces, recuerda estar tranquilo, porque es algo normal.

Las respuestas físicas al duelo pueden ser: agotamiento, insomnio, dificultad para respirar, dolor en la mandíbula y/o bruxismo, pérdida de apetito, ansiedad y dolores en distintas partes del cuerpo (abdomen, cabeza, espalda, cuello o articulaciones).

Las respuestas emocionales suelen ser: tristeza, enojo, enfado, rabia, desesperación, miedo, culpa, irritabilidad, desasosiego, vulnerabilidad, confusión y añoranza.

Las respuestas mentales o intelectuales pueden ser: descreimiento, incapacidad para concentrarse, pérdida de capacidad intelectual, quedarse en blanco, pensamientos obsesivos sobre lo acontecido, soñar con nuestro amigo, sentir su presencia, visitar lugares de recuerdo o evitarlos y atesorar objetos de recuerdo.

Las respuestas conductuales como pueden ser la apatía, desgana o hiperactividad, trabajar mucho y mantenerse ocupado, incapacidad para estar solo o aislamiento y olvidarse de las cosas.

Algunas personas, durante los días o semanas posteriores al fallecimiento, no tendrán ganas de realizar prácticamente ninguna actividad, mientras que otras por el contrario tenderán a exigirse estar más ocupadas de lo habitual, ya que la inactividad puede acentuar su dolor. Es muy importante no juzgar ninguno de los comportamientos anteriores; uno no quería más a su compañero que el otro, tenemos que entender que no todos gestionamos el dolor de la misma forma, aunque esta actitud muchas veces da la sensación de indiferencia, es primordial para los que están pasando esta etapa no hacer comparaciones, cada persona sabrá internamente lo que le pide su cuerpo y tendrá sus tiempos.

Lo más importante cuando elaboramos un duelo es darnos libertad para sentir, reconocer nuestras propias necesidades y respetarlas y poder compartir nuestras emociones sin avergonzarnos, en un ambiente seguro, donde nos sintamos comprendidos y sin ser juzgados, sin sentirnos raros por tener estos sentimientos hacia un animal, porque claro, para mucha gente era "solo un perro/gato/conejo/loro". Los animales nos aman sin condiciones, nos cuidan, nos alegran, nunca nos decepcionan o engañan, son pura inocencia, sin ninguna maldad, sin discusiones ni egos absurdos, sin imposiciones... ¿no es completamente normal que les correspondamos dándoles un sitio en nuestro corazón? Es increíble como dos especies distintas puedan amarse así... ¡Me parece algo, simplemente, maravilloso!

Un estudio ha revelado recientemente que nos vinculamos con nuestros animales de la misma forma que nos vinculamos con otras personas. Las mismas hormonas y sustancias químicas se liberan en nuestros cerebros, lo que nos hace sentirnos amados, conectados y en la misma sintonía, sin distinción de especie. La única diferencia entre un duelo por tu peludo y otro por un familiar es la comprensión que vas a recibir de tu entorno. Una paciente me comentaba que lo que más le había dolido había sido no recibir el pésame o una palabra de consuelo de gente muy cercana a ella, gente que sí la habrían llamado por el fallecimiento de un tío lejano, pero que no lo consideraron importante cuando murió su peludo.

Puede ser algo común no sentirse apoyado por tu entorno durante el duelo por tu compañero y es posible que mucha gente no esté a la altura de las circunstancias, de tus sentimientos por la pérdida de tu amigo; algunos porque no sabrán qué decirte, otros porque ni siquiera entenderán por lo que estás pasando, sobre todo, la gente que no tiene animales o que no los tratan como a un miembro de su familia. Sentir esa falta de comprensión te causará otro sufrimiento más, es lo que se llama pérdida acumulada o secundaria, será sumar a tu duelo el dolor añadido de ver cómo ciertas personas se comportan de forma indiferente, dicen cosas inadecuadas o, incluso, ridiculizan tus sentimientos. Es cierto que todo esto hace mucho daño, pero por desgracia hay muchas personas que no tienen el don de la empatía, nadie les ha enseñado a acompañar, a escuchar; no saben el privilegio que es querer a un animal con todo su corazón, ¡pobre gente! Ten paciencia, incluso, con aquellos que te han hecho más daño, pues como decimos aquí *"no pidas peras al olmo"*. Debemos pedir a cada uno hasta donde cada uno puede dar, no más. Apóyate en aquellas personas que sientas que sí te pueden entender; si no, puedes buscar mi ayuda o de cualquier otro profesional o unirte a nuestro grupo de duelo o algún otro.

Déjame que te haga una pregunta: *"¿Qué duelo es mejor? ¿Es un buen duelo la persona que quita todas las fotos de su compañero, que tira todo a la basura, no quiere que nadie mencione su nombre ni quiere hablar de él, que huye de todos los lugares en los que estuvieron juntos y nadie le ha visto llorar o será mejor el duelo de la persona que atesora alguna de sus fotos como si fuera un regalo, que ha donado la cama, el comedero y la comida que le quedaba, pero sin embargo guarda su juguete preferido, cada vez que habla de él se le llenan los ojos de lágrimas, pero no puede evitar recordarlo muy a menudo?"*.

Creo que no hace falta que te diga que el segundo duelo no solo es mejor, sino que, incluso, es sano y reparador. Tienes que aprender a vivir tu sufrimiento, porque sin él no crecerás, no renacerás. ¿Cómo vas a disfrutar verdaderamente de la felicidad sin haber experimentado la tristeza? Mucha gente, sin embargo, sienten miedo de la tristeza y pueden intentar suprimir el dolor sin realizar este trabajo de duelo, lo que podría llevar a esconderlo todo hacia adentro. Aliviaríamos un poco el sufrimiento exterior, pero la herida aún cerrada seguirá supurando en nuestro interior, sin resolverse nunca, sin aprender nunca a enfrentar los momentos difíciles de nuestra vida, sin herramientas para afrontarlos y volviendo a surgir en acontecimientos futuros.

Las crisis emocionales (duelos, divorcios, enfermedades) son una gran oportunidad para nosotros; nunca van a dejar de existir, ya que no es algo que podamos controlar, así que tenemos dos opciones: aprender de ellas y salir reforzados o pasar por estas situaciones sin pena ni gloria, rechazando cualquier aprendizaje, de forma que cuando se presente la siguiente volvamos a quedarnos como suelen decir *"como un conejo deslumbrado"*.

Quiero que te apuntes esta palabra en algún sitio que veas a menudo, como en el espejo del baño, por dentro de la puerta del armario, la pantalla del móvil o tablet o tu mesita de noche: RESILIENCIA. Esta palabra viene del latín *resilio* y significa "rebotar, saltar y volver a saltar, recomenzar"; hace referencia a la capacidad del acero de volver a su forma original, a pesar de los golpes que pueda recibir. En psicología, se usa para describir la capacidad de vivir experiencias adversas y salir reforzado de ellas. Es el crecimiento personal tras la adversidad, por el que una persona descubre capacidades nuevas que antes desconocía, sintiéndose más segura para enfrentarse a otras experiencias. Esto conduce a un cambio vital, una nueva filosofía de vida que nos refuerza y aporta luz a los momentos de oscuridad.

Algunos aspectos que pueden hacer que el duelo sea más traumático son los siguientes: si piensas que la muerte podía haberse evitado, si crees que tu compañero ha sufrido, si te faltan detalles e información sobre cómo fue la muerte que imposibilitan su comprensión, la muerte fue traumática y la presenciaste, si tu compañero falleció después de una enfermedad donde se alternaron muchos momentos de esperanza y desesperanza y si la forma en que recibiste la noticia fue inadecuada.

No saber cómo han sido los últimos momentos de tu compañero es algo que puede torturarte; el sufrimiento que vemos resulta más fácil de soportar, sin embargo, el imaginado, aquel del que no sabemos nada, se crece en la oscuridad de nuestra imaginación. El peor sufrimiento es el que no podemos medir; no has podido estar presente, por tanto, no sabes qué ha pasado. Puede ser un accidente de tráfico, un accidente doméstico, una pelea con otro animal, un incendio... en tu cerebro ese momento no tiene fin, le das vueltas y vueltas, imaginando lo que habrá pasado. Para ti ese momento se repite una y otra vez. Permíteme que te diga algo, el sufrimiento físico siempre se acaba, tiene un principio y un final, recuerda que aunque tu amigo sufriese, es imposible que tú sepas en qué grado; incluso, seguramente sea mucho menos de lo que te estés imaginando. Recordemos que el cuerpo entra en estado de shock en un accidente y deja de sentir dolor; además, ese momento ya ha pasado, tuvo su final; es tu cerebro el que lo vive una y otra vez.

—Hemos hecho lo que hemos podido —dice el veterinario.

Ese pensamiento parece aliviar una parte del dolor, la de pensar que se podría haber hecho algo más, pero especialmente si la muerte ha sido accidental, repentina o por una enfermedad corta, las personas en duelo suelen explicar que en su cabeza pueden repetirse pensamientos de manera obsesiva, los famosos *y si... y si hubiera probado en otro veterinario, nos hubiésemos dado cuenta antes de que estaba enfermo, no hubiese pasado aquel coche...* (estos pensamientos están también relacionados con la culpa, sentimiento normal en la elaboración del duelo). Elaborar un buen duelo es aceptar que no somos omnipotentes, que no podemos controlarlo todo, que la vida es frágil. Como cualquier ser humano, resulta difícil aceptar la imprevisibilidad de la vida, cuando vivimos en una sociedad en la que tenemos todo siempre bajo control. No nos permitimos nunca improvisar, nuestra vida está completamente organizada, pero siento decirte que, a pesar de todo, continúan ocurriendo cosas imprevistas, seguimos sometidos al azar y a la fragilidad de la vida. Debemos ser humildes y conscientes de que hicimos lo que pudimos en aquel momento, en aquellas circunstancias y con la información que teníamos. No tengo el control sobre la vida, la vida simplemente es, y yo la asumo y la acepto, fluyo con la corriente del río, en lugar de luchar contra ella, pues solo acabaré exhausto y lleno de heridas.

Podemos decir que hemos completado un duelo cuando somos capaces de recordar a nuestros compañeros sin sentir ese dolor tan intenso, cuando hemos dejado de vivir centrándonos solo en el pasado y guardamos un recuerdo entrañable del tiempo que hemos disfrutado junto a nuestro peludo. Cada persona tiene su propio ritmo que podríamos situar entre 3 meses hasta 12 o incluso 24 meses. Superado este tiempo, tendríamos un duelo complicado y deberíamos buscar ayuda psicológica.

"Elaborar un duelo es transformar
el dolor en amor".
(Alba Payàs P.).

6. Las etapas del duelo

Desde 1969, en este campo de la psicología domina la teoría de las 5 fases del duelo, desarrollada por la psiquiatra suizo-estadounidense Elisabeth Kübler-Ross, que fue y es, aún a día de hoy, una de las mayores expertas mundiales en la muerte, personas moribundas y cuidados paliativos, por lo que recibió 23 doctorados honoríficos. Esta mujer dotó de integridad a los enfermos terminales y a sus familias, cuando ese tema era aún un tabú en la sociedad y entre los mismos médicos, hasta el punto de que en los hospitales no existía ni un protocolo a seguir.

En su libro *"Sobre la muerte y el morir"*, presentó este modelo general de cinco etapas de duelo, que explican cómo se sienten las personas en distintos momentos y cómo tienden a actuar. En esa y otras doce obras, sentó las bases de los modernos cuidados paliativos, cuyo objetivo es que el enfermo afronte la muerte con serenidad y hasta con alegría.

1. Etapa de la negación

Esa negación puede inicialmente amortiguar el golpe de la muerte de un ser querido y aplazar parte del dolor, pero esta etapa no puede ser indefinida porque en algún momento chocará con la realidad. (No me creo que ya no esté, esto no puede ser...) En estos primeros momentos, se produce el estado de shock; lo más característico es que la persona que lo sufre se sienta desvinculada de la realidad, sin percepción temporal; se encuentra desconcertada y confusa y funciona de forma automática; algunas personas se comportan como si no hubiera sucedido nada, vacías de sentimientos, mientras otras se quedan prácticamente paralizadas. El estado de shock y la negación son fundamentales en el duelo y una preciosa ayuda, ya que son estados protectores que deja pasar el dolor a nosotros de forma paulatina, en vez de tener que enfrentarnos de golpe a él. Es una tregua de nuestro cerebro.

2. Etapa de la ira

Cuando ya no se puede seguir eludiendo la realidad del fallecimiento y el estado de shock va desapareciendo, comenzamos a recorrer el sendero de la ira. Esta etapa se manifiesta, por lo general, con la expulsión de los sentimientos reprimidos en la primera etapa del duelo, y por lo general se expresa por una explosión de emociones y sentimientos; son característicos los sentimientos de rabia, resentimiento e, incluso, agresividad, así como la búsqueda de responsables o culpables. La ira aparece ante la frustración de que la muerte es irreversible, de que no hay solución posible y se puede proyectar esa rabia hacia el entorno, incluidos familiares u otras personas allegadas (la culpa es del veterinario, papá nunca quiso a nuestro peludo, ya no querré a ningún otro animal...). También el enfado puede salpicar, incluso, al vecino que nada tiene que ver con lo sucedido (*"¿por qué le ha pasado esto a mi gato con lo bien cuidado que estaba y no al de mi vecino que lo trata de cualquier manera?"*). Uno de los enfados más comunes y más difíciles de superar es el que proyectamos sobre nosotros mismos. Recordemos que debajo de esta ira y de este torbellino de sentimientos de enfado subyace un gran dolor. La rabia es una fuente de energía que evita que nos hundamos. Es muy importante que las personas en esta etapa puedan expresar toda su rabia e ira sin ser juzgados; a veces, el resentimiento puede hacer que digan cosas horribles, pero es algo necesario para poder avanzar y superar esta fase. Recordemos que el que habla es el dolor. El enfado es lo que denominamos una emoción tapadera, mientras lo sintamos, el dolor estará disfrazado en segundo plano. Si el enfado no se expresa, acaba convirtiéndose en un sentimiento de amargura y resentimiento que puede ser muy destructivo para la persona que lo sufre.

3. Etapa de la negociación

En esta fase, las personas fantasean con la idea de que se puede revertir o cambiar el hecho de la muerte. La etapa de negociación puede ocurrir antes de la pérdida, en caso de que el animal de compañía haya sufrido una enfermedad terminal o bien después de la muerte, para intentar negociar el dolor que produce esta distancia. Es común ofrecer promesas y cambios en nosotros, con tal de tener de vuelta a nuestro amigo o, por el contrario, preguntarse: *"¿qué hubiera pasado si...?"* o pensar en estrategias que habrían evitado el resultado final, como: *"¿y si hubiera hecho esto o lo otro?"* (si lo hubiera llevado a otro veterinario, si el día del accidente hubiera estado en casa...). Durante esta etapa, dejamos de vivir el presente para trasladarnos al pasado e intentar buscar una solución o algún otro desenlace que nos lleve a otra realidad, una realidad en la que nuestro amigo siga aquí físicamente. En esta fase pueden aparecer pensamientos obsesivos y repetitivos sobre los acontecimientos previos a la muerte. Es importante dejar a la persona expresarlos, aunque veamos que se hace daño a ella misma con esta actitud. Recordemos que todo lo que decimos lo expulsamos fuera de nosotros; es mucho mejor sacarlo a no esconderlo en nuestro interior, así que habrá que tener paciencia y recordar que estas etapas son temporales, caminos que vamos recorriendo para alcanzar el final del proceso de duelo. Suele ser una etapa breve.

4. Etapa de la depresión

En esta etapa es cuando se comienza a aceptar la muerte como un hecho irreparable y está marcada por el llanto. Volvemos a vivir en el presente por lo que la tristeza profunda y la sensación de vacío son características de esta fase, cuyo nombre no se refiere a una depresión clínica, como un problema de salud mental, sino a un conjunto de emociones vinculadas a la tristeza, naturales ante la pérdida de un ser querido y, por lo tanto, es algo temporal. Algunas personas pueden sentir que no tienen incentivos para continuar viviendo en su día a día, sin su querido amigo y pueden aislarse de su entorno. (*"No tengo ganas de nada, ¿para que voy a levantarme de la cama..."*). Esta etapa, aunque suele ser de las más duras y extensas en el tiempo, es también la que abre el camino a la aceptación. Recuerda la importancia del acompañamiento en estos momentos, ya que la persona que sufre necesita desahogar su dolor. Al principio de este periodo, no servirán los consejos o intentar ser positivos, simplemente, acompañar desde el respeto y escuchar, conforme se vaya avanzando el doliente, empezará a escuchar y admitir las palabras de los demás.

5. Etapa de la aceptación

El final del camino. Una vez aceptada la pérdida, las personas en duelo aprenden a convivir con su dolor emocional, en un mundo en el que el ser querido ya no está.

Con el tiempo, recuperan su capacidad de experimentar alegría y placer. Se trata de aceptar que las piedras que vamos encontrando en la vida también forman parte del camino. No es fácil llegar hasta aquí, pero lo hemos conseguido. Nos sentimos más unidos que nunca a nuestro compañero y continuamos nuestro proceso de aprendizaje, en esta oportunidad llamada vida. Sabes que vas por el camino de la aceptación, cuando ya no le das tantas vueltas a cómo se produjeron los hechos de la muerte o porque, ya no buscas culpables, puedes mirar sus fotos y recuerdos y aunque, aún sientes tristeza en tu interior, no es una punzada de dolor; puedes hablar de él y aunque te emocionas, no es una reacción desmedida. Recuerdas más los momentos felices que los dolorosos, no necesitas hacer tantos ejercicios (véase capítulo *Saliendo del laberinto*) para sentirte bien; sientes que todo ha merecido la pena y estás muy agradecido por el tiempo compartido.

Según los expertos, las personas no pasan necesariamente por todas estas etapas ni en ese orden específico, así que el duelo se puede manifestar de distintas maneras y en momentos diferentes para cada persona, saltando entre estas etapas; incluso, sin sufrir alguna de ellas o viviendo alguna dos o más veces, con diferentes tiempos para superar cada una. No desesperes, recuerda que cada paso que estás dando es un paso ya recorrido. La forma en la que gestionamos el duelo y sus emociones, aprendiendo a reconocerlas y sabiendo para qué sirven, hace que podamos experimentar un crecimiento personal durante este proceso, que cambiemos nuestra escala de valores, reajustemos las prioridades en nuestra vida o puede que, incluso, nos lleve a reconsiderar o a cambiar amistades.

Podemos saber que estamos ante un duelo complicado cuando nos asentamos en sentimientos como la ira, la culpa o el desconsuelo profundo, lo que nos impide continuar en la elaboración de nuestro duelo. No somos capaces de avanzar en alguna de las etapas y nos quedamos anclados a ella. Podría definirse como *"la intensificación del duelo al nivel en que la persona está desbordada, recurre a conductas desadaptativas o permanece inacabablemente en este estado sin avanzar en el proceso del duelo hacia su resolución"*. *(Horowitz, 1980)*.

Generalmente, se suele producir uno de estos cuatro subtipos de duelo complicado:

- Duelo crónico. Después de 12 o 24 meses, el sufrimiento sigue prácticamente como al principio. El doliente sigue sin aceptar el dolor, la angustia o la ansiedad que siente al recordar la pérdida. Se produce una retención en alguna de las etapas, sin que la persona pueda seguir el camino del duelo.

- Duelo retrasado o pospuesto. La persona que aparentemente mejor había reaccionado a la pérdida (por esto reaccionar demasiado bien no es bueno) y que parecía haberla aceptado de la mejor forma, pasado un tiempo vuelve a experimentar una fuerte carga emocional, ante algún acontecimiento que reabre la herida. El duelo no está superado sino escondido, así que vuelve a resurgir.

- Duelo exagerado. La persona se siente desbordada de dolor y trata de evadirse mediante ciertas conductas de evitación, como consumo excesivo de alcohol o drogas, centrarse obsesivamente en el trabajo, en salir o en cualquier conducta que le permita sobrellevar el dolor, lo cual puede llevar, en última instancia, a desarrollar algún trastorno psicopatológico, como problemas de ansiedad o depresión. Puede ser que la persona sea consciente de que hace todo esto para evitar el dolor que la pérdida implica, pero no sepa cómo afrontarlo.

- Duelo enmascarado. La persona cree haber superado el duelo, cuando empieza a presentar problemas físicos o psicológicos, tales como enfermedades psicopatologícas (anorexia, bulimia, ansiedad...) pero sin darse cuenta de que estas tienen que ver con la pérdida no superada.

Ante este tipo de complicaciones es precisa la intervención de un profesional, que ha de identificar las tareas que no se han realizado y ayudar a la persona para que pueda llevarlas a cabo.

Superar el duelo es algo que se consigue de manera progresiva, no de un día para otro. Recordemos que son senderos que debemos ir atravesando y a veces se cruzan entre sí y hace que nos sintamos perdidos, pero conforme vamos recorriendo sus calles, vamos salvando etapas: superar el estado de shock, aceptar la realidad de la pérdida, desprendernos de toda nuestra ira, dar paso a nuestro dolor y vivirlo plenamente, reajustar nuestra vida sin nuestro compañero, dar un nuevo sitio a este en nuestra mente y nuestro corazón.

Poco a poco, empezamos a disfrutar más de los recuerdos, miramos el pasado con amor y añoranza, no con una pena desconsolada. Aunque podemos sufrir algunas recaídas en fechas señaladas como el cumpleaños, la Navidad o el aniversario de la muerte, el resto del tiempo nos encontramos bien. Tranquilos, llegará un día en que incluso esas fechas serán motivo de bonitos recuerdos y no de sufrimiento.

"A la larga perdemos todo lo que poseemos, pero lo que importa en definitiva no se pierde nunca. Nuestras casas, coches, empleos y dinero, nuestra juventud e incluso seres queridos solo los tenemos en préstamo. Como todo lo demás, no podemos conservar siempre a nuestros seres queridos. Pero la aceptación de esta verdad no tiene por qué entristecernos. Por el contrario, puede proporcionarnos la capacidad de valorar mejor la infinidad de experiencias y cosas maravillosas que tenemos durante el tiempo que permanecemos aquí".

(Elisabeth Kübler-Ross).

7. El duelo en el niño

En la actualidad, existe un tabú con la muerte y la pérdida en general. Se aleja y esconde este tipo de cosas, por lo que es imposible que ante esta falta de naturalidad sepamos afrontarlas. Si esto pasa entre los adultos, en los niños es aún peor. Como padres, ni nosotros mismos estamos preparados para estas situaciones, así que ¿cómo vamos a inculcar a nuestros hijos unos recursos que no poseemos?

Antiguamente, se velaba a los difuntos en casa, la propia familia los lavaba y preparaba, y todo esto, bajo la mirada de los más pequeños. Esto daba pie a que pudieran preguntar sobre la muerte, a verla como algo inherente a la vida, a normalizarla. Actualmente, en España, existen los tanatorios, donde se realizan los velatorios lejos del núcleo familiar, lo que ha facilitado mucho a la sociedad que se pueda apartar y excluir a los niños de todo lo que tenga que ver con la muerte.

Muchas veces, el duelo por un animal de compañía será la primera experiencia que tendrán los niños con la perdida de un ser querido. Es mucho más recomendable que enseñes a tus hijos a afrontarla con sus propios recursos, desde pequeños, en lugar de que esperes a que llegue otra muerte que, seguramente, será más difícil. Estoy firmemente convencida de que una de las cosas más importantes que debes enseñar a tus hijos (para mí la que más) es a respetar la vida. La vida es lo más valioso para cualquier ser vivo; ya decía Bradley M.: *"Enseñar a un niño a no pisar una oruga es tan valioso para el niño como para la oruga".* Enseñarle a tus hijos lo valiosa que es una vida es precisamente enseñándoles que es frágil e irreemplazable.

Seguramente, el error más común que ocurre con el tema de los animales domésticos de nuestros hijos es no aprovechar la oportunidad y el gran aprendizaje que se nos presenta cuando llega el final de la vida física; en vez de vivirlo con naturalidad y explicar a nuestros hijos esta información tan importante, lo que hacemos es poner un parche, taparlo rápidamente y si es posible que nuestro hijo ni se entere, mejor. En mis años como ayudante de veterinaria, he visto infinidad de padres buscando al hámster igual al que tenía su hijo para darle "el cambiazo", el periquito con los mismos colores, el pececillo idéntico... o lo que es peor aún, cuando fallece su perro o gato, como es imposible reemplazarlo sin que se note la diferencia, lo que hacemos es regalarle otro inmediatamente después de la pérdida, para que no esté triste ni un día. Por favor, incluso si tienes niños pequeños, te ruego que no les enseñes esa lección a tus hijos, no los sobreprotejas de algo que es inherente a la vida y que, tarde o temprano, va a llegar a su mundo. Entiendo perfectamente que, como padres, muchas veces nuestro reflejo es intentar evitar al máximo posible un sufrimiento a nuestros niños, pero déjame que te recuerde que lo mejor que puedes hacer por tus hijos es inculcarles valores. ¿Qué valor piensas que les estás enseñando, cuando les muestras que una vida es reemplazable por otra? Cuando no dejas a tu hijo pasar el duelo por su animal, porque inmediatamente vas a la tienda y le compras otro, ¿qué crees que está aprendiendo? ¿Crees que podrás hacer lo mismo cuando el que falte sea su abuelo o abuela?

La cuestión no es tan fácil como solo hablar sobre el tema, sino <u>hablar bien</u>. ¿Recordáis todo lo que hemos visto sobre el duelo, expresar los sentimientos, la necesidad de comprensión y demás? Pues eso y alguna otra variante, dependiendo de la edad, es lo que necesitarán los niños. Y sobre todo, empatía y respeto, como cualquier adulto. Veamos un ejemplo:

Tienes 5 años y acaba de morir tu querido hámster.

1. Casi ni te enteras, tu padre compra uno igual, te dicen que ha encogido porque se ha puesto malito. No sabes nada del tema, no aprendes nada y no generas recursos pues *"no ha pasado nada"*.

2. Cuando te despiertas, encuentras a tu hámster muerto, llamas a gritos a mamá muy angustiado y mamá te dice que no pasa nada, solo es un hámster. Si eres niño, te dirá que los niños grandes y valientes no lloran; si eres niña, que si lloras te pones fea. Es solo un hámster, no hagas una tragedia de esta tontería. No entiendes qué pasa y reprimes tus sentimientos y emociones; aprendes a guardar todo dentro y no expresarlo.

3. Ves a tu amigo muerto y llamas a papá muy preocupado, no sabes lo que le pasa a tu animalito. Papá te dice que no pasa nada, que "solo" está muerto y que lo mejor es que lo olvides y no se hable más de él. Lo tira a la basura y te dice que si te portas bien, mañana te comprará otro. No entiendes que la vida es preciosa, al revés; al día siguiente tienes otro hámster y es como si el primero no hubiera existido. Aprendes que los seres vivos son sustituibles como los juguetes y que puedes utilizarlos sin darles importancia. La sustitución no es más que una maniobra de evitación.

4. Vuelves un día del *cole* y tus padres te dicen que tu hámster se ha ido de viaje, que se ha escapado o que se ha ido a dar la vuelta al mundo, en un cohete espacial. No entiendes por qué se ha ido tu amigo...: *"¿Lo tendría que haber cuidado más? ¿Será culpa mía? ¿Ya no me quería?"*. Te sientes triste, culpable

e incluso enfadado con tu animalito porque te ha abandonado.

5. Tus papás te explican que tu querido hámster ha muerto, te consuelan y muestran su apoyo, escuchan tus dudas y tus preguntas, contestan a las que pueden con tacto y sinceridad, te preguntan si quieres enterrar a tu amigo o despedirte de él de alguna forma. Te acompañan y apoyan en ese momento. Te dicen que puedes hablar de él siempre que lo recuerdes. Pasas unas semanas triste, puedes llorar y expresar tus sentimientos y tus papás lo entienden. Tiempo después, tu madre te dice que si quieres puedes tener un periquito u otro hámster, te explica que tendrá otro nombre y será otro animal diferente. Has aprendido algo sobre la muerte, sobre la vida y sobre tus propios sentimientos y emociones. El día de mañana no lo recordará como algo traumático y seguro que estará muy agradecido a sus padres por su tacto y sinceridad.

Como hemos comentado, ayudar a un niño a superar el duelo no difiere de la ayuda que daremos a un adulto; comprensión, un ambiente seguro donde el pequeño pueda sentirse libre de preguntar o expresar sus sentimientos, acompañar, escuchar... Para los niños en duelo, los adultos somos una referencia, pero no por lo que decimos sino por lo que hacemos. Recordemos que somos animales que aprendemos por imitación. Si le dices a tu hijo que es bueno llorar, pero te escondes para que no vea ni una lágrima tuya, no estás mandando el mensaje correcto. Tampoco es bueno que tu hijo te vea en el peor momento o teniendo una reacción de mucho dolor, porque puede asustarse. Lo mejor para él será ver a sus padres o figuras de apego como personas que sufren como él con la pérdida, que expresan sus emociones, pero siempre dentro de una mesura, de un control. Va a aprender de ti y de esta experiencia a gestionar futuros duelos, así que muéstrale que es grave y que es triste, pero que unidos podréis superarlo. Que puede llorar y que puede contar contigo para decirte cómo se encuentra en cada momento, porque lo vas a apoyar y a entender.

Cuando tuvimos que eutanasiar tanto a Galo como a Minnie, mi hijo no estuvo presente, fueron momentos de mucho dolor que se escapaban de mi control. Pasado un tiempo, más apaciguados, fuimos junto a él y le explicamos lo que había sucedido, en el caso de Minnie, pues con Galo era demasiado pequeño. Le dijimos que había muerto, que ya no estaría en casa, pero que siempre seguiría en nuestro corazón, que los veterinarios habían intentado salvarla pero estaba muy malita. Lloramos los tres juntos y le dijimos que siempre la recordaríamos y hablaríamos de ella. Unos días después recuperamos sus cenizas, le explicamos que una parte de nuestra perrita estaba dentro de esa cajita y que la otra parte estaba en otro sitio muy superior a este. Por supuesto, con los niños no es tan fácil como una simple charla. Meses después, siguió preguntando de vez en cuando por ella, si vive con otra familia, dónde está, por qué se murió... con mucha paciencia y cariño, siempre le contestamos lo mismo, está muerta, no vive aquí ni en otro sitio, porque su cuerpo ya no está, pero sigue con nosotros dentro de nuestro corazón y cuando pensamos en ella.

Uno de los momentos más complicados en este recorrido es, precisamente, el momento de darle la noticia al niño de que el animal de la casa ha fallecido. Es muy duro tener que enfrentarse a sus reacciones, sus lágrimas o sus preguntas, pero recordemos que es un momento muy importante, ya que comunicado de forma errónea, puede prolongar el periodo de duelo. Lo mejor, siempre, será que la persona que dé la noticia sea una figura de apego o muy cercana al niño, que sea en un ambiente tranquilo y seguro, donde el niño sienta que puede hablar y preguntar sus dudas y que reciba comprensión y empatía. No es una buena idea posponer demasiado este momento, porque los niños son muy sensibles y percibirán que algo pasa en el ambiente, no deben sentir que los estamos excluyendo de algo tan importante; por eso es bueno que, si les apetece, participen en los rituales que se celebren en memoria de nuestro compañero peludo; si hemos dicho que es sanador y necesario realizar un ritual o ceremonia para despedirnos de nuestro amigo, ¿por qué vamos a excluir a los niños y a separarlos de algo que es beneficioso?

Veamos las diferencias por edades para el duelo de los niños:

- 0-2 años. En esta etapa, existe una total incomprensión del hecho en sí. El niño aún no ha desarrollado un pensamiento ni un lenguaje que permita su comprensión. Los niños serán susceptibles, básicamente, a cambios en sus rutinas.

- 3-5 años. En esta edad, los peques aún no entienden que la muerte es irreversible. Los niños piensan que estar muerto es simplemente quedarse quieto con los ojos cerrados. Es una etapa de mucha curiosidad, así que los niños harán muchísimas preguntas, algunas tan disparatas como: *"¿Qué comen los muertos? ¿Tendrá frío? ¿Cuando va a dejar de estar muerto y volverá a casa? ¿Dónde vive ahora?"*. Ante esta avalancha de dudas, lo que debemos hacer es ser sinceros y con mucho tacto y paciencia contestar a sus preguntas, una y otra vez, repitiendo lo mismo. Al contrario de lo que se ha hecho años atrás, es desaconsejable utilizar metáforas sobre la muerte, como decir que el muerto está dormido o que se ha ido de viaje. Los niños pueden sentir miedo a la hora de dormir o cuando algún familiar se vaya de viaje, ya que pensarán que está relacionado con la muerte. Recordemos que el niño no va a entender las metáforas, sino que va a captar las cosas de forma literal. La mejor forma de dar la noticia al niño, será que una de sus figuras de apoyo lo acompañe a un sitio tranquilo y conocido para el niño y que le diga explícitamente que ha sucedido algo muy triste, pues su animal de compañía ha muerto y ya no estará más con nosotros; debemos dejar claro que es algo irreversible y que nunca volverá, para no crear falsas expectativas que, al final, harán más daño al niño. Recordemos que los niños son muy egocéntricos, por lo que pueden pensar que de algún modo el fallecimiento de su amigo puede ser culpa de ellos. Debemos estar atentos a esto y exculparles en todo momento. Los libros son una buena herramienta para explicar la muerte a un niño, de forma sencilla. Por ello, podrás encontrar algunos en la bibliografía de este libro, que quizás ayuden a poner posibles palabras que nos faltan para tratar la muerte, así como a poner imágenes en esos pensamientos que los niños no entienden. Pero, ante todo, recordad que debemos explicar la muerte de forma sincera, sin metáforas y con sus consecuencias, desde el primer momento. Los comportamientos de los niños a esta edad ante una muerte suelen ser: tristeza, enojo, miedo, preocupación, regresión a comportamientos anteriores, llanto y rabietas.

- 6-9 años. A partir de esta edad, los niños desarrollan un concepto más realista sobre la muerte. Los peques ya poseen un vocabulario mucho más complejo, lo que les ayuda a entender mejor lo que sucede en el mundo. Muestran mucho interés en los detalles de la muerte y, si se les da la oportunidad, a esta edad suelen querer participar de los rituales y ceremonias de despedida. Es muy importante que se les explique de antemano cómo va a ser, lo que va a pasar y lo que se espera de ellos. Si quieren, pueden leer una carta, cantar una canción o hacer un dibujo para su peludo. Un adulto deberá estar a su lado durante la ceremonia para contestar a todas las preguntas que le puedan surgir, haciendo que se sienta apoyado y escuchado, pero sobre todo, incluido en la familia, en lugar de ser apartado como suele hacerse al considerar que les ahorramos un sufrimiento, cuando la realidad es que les negamos el aprendizaje de que la muerte es algo natural y que hay que afrontar. Si no sabemos cómo contestar a alguna de sus preguntas, lo mejor es ser sinceros y decirles claramente que no sabemos la respuesta, que hay cosas que nadie entiende. Recordaremos anécdotas divertidas de nuestro peludo, hablaremos con el niño sobre las cosas que hacían juntos y sobre cuánto se querían e intentaremos que el peque se quede con un buen recuerdo de la relación. Los niños a esta edad poseen temor a lo desconocido de la muerte, que asocian a fantasmas, esqueletos u otros entes, y a la separación de la familia, expresándolo a través de la irritabilidad, culpa, negación, enojo, aislamiento, regresión a comportamientos anteriores y problemas de concentración en la escuela.

- 10-13 años. En esta etapa, los niños ya son conscientes de la irreversibilidad de la muerte. La entienden como algo permanente e inevitable. Comprenden que todos los seres vivos en algún momento mueren (incluidos ellos mismos), lo que da lugar a un mayor temor hacia ella. En esta edad preadolescente, los niños tienden a esconder más sus sentimientos, reemplazándolos por la rebeldía. Ya tienen pensamientos más abstractos y espirituales sobre la vida y la muerte. Es importante que los adultos actúen como modelo de duelo ante los niños, de forma que los ayude a entender y aceptar sus sentimientos. Si es necesario, les ayudarán a poner en palabras lo que sienten, estarán atentos a darles tanto periodos de aceptación con otros de distracción. Las conductas que pueden mostrar ante la pérdida a esta edad suelen ser el enojo, la culpa, el resentimiento, el entumecimiento, la ansiedad, el miedo a la muerte, cambios en el sueño y bajo rendimiento escolar.

La doctora Elisabeth Kübler-Ross, de la que ya hemos hablado anteriormente, llevaba siempre un gusano de seda a los entierros donde iban a asistir niños. Ella les mostraba la oruga y les decía que era una bellísima mariposa capaz de volar, atrapada en el envoltorio de la oruga, así como nosotros somos almas y energía, atrapados en un cuerpo físico. Los niños un tanto escépticos se llevaban la oruga a su casa y la cuidaban, hasta que un día aparecía tan solo una inerte crisálida, la oruga había muerto. Los niños se sentían muy tristes pero ella les decía que debían seguir conservando la oruga, para ver lo que pasaba después de su muerte. Un mágico día, los niños asombrados veían salir a la mariposa de su interior, habían comprendido todo. La muerte de la oruga no era el final, solo la transformación de la mariposa, así como la muerte de nuestro cuerpo físico no es el final, sino nuestro paso a otro nivel, donde nuestra alma y la de los seres que queremos se ha desprendido de su carcasa, para volar con su verdadera forma. Recordad: somos mariposas, somos almas.

"Si alguna vez llega un día que no podemos
estar juntos, guárdame en tu corazón. Me voy
a quedar allí para siempre..."
(Winnie the Pooh).

8. Saliendo del laberinto

Como hemos visto, el duelo es un proceso. Yo diría que es como un laberinto lleno de caminos y emociones diversas, que pueden hacernos sentir confundidos y perdidos. Debemos permitirnos vivirlo, crecer y aprender de él, pues puede causar una introspección que te enseñará a vivir, no solo hacia fuera, sino también hacia dentro. Tienes que darte permiso para sentir todo el amplio espectro de emociones que te acecharán durante esta etapa.

Hay algunos mitos que hemos interiorizado, pensando que son verdades absolutas, porque normalmente nos las han inculcado de niños y están socialmente aceptadas. Una de ellas es que expresar tu dolor te hace daño a ti mismo o a los demás; sin embargo, está demostrando que llorar genera hormonas antiestrés, es un relajante natural y sin efectos secundarios. Otra falsa creencia es que el dolor debe expresarse en soledad, sobre todo, si eres el hombre de la casa, pero recordemos que todos necesitamos expresar nuestro dolor, independientemente del género. Además, esta ridiculez lo único que hace es separar la unidad del hogar, ya que para otros miembros de la familia se puede interpretar como indiferencia, falta de amor por el peludo de la casa o frialdad por parte de la persona que no muestra sus sentimientos. No podemos enseñar a nuestros hijos que es bueno expresar lo que sentimos, si nosotros lo escondemos. Aprendemos lo que vemos, no lo que oímos o nos dicen. Nos parece que ayudar es hacer ver que no ha pasado nada, que el dolor no existe si no hablamos de él, pero eso no es cierto, ¡es todo lo contrario! Los problemas, las dificultades de la vida hay que encararlas de frente. El dolor se crece en la soledad de las personas aisladas.

A continuación, vamos a ver algunas actividades que son aconsejables para ayudar a las personas después del fallecimiento de su peludo. Recuerda que no hay una receta mágica que sirva para todos; busca la que sea más adecuada, lo que te llame más la atención o ¿por qué no?, prueba cada una de ellas, a lo mejor te ayuda la que menos te imaginas. Podemos sorprendernos a nosotros mismos; quizás, tienes talento para escribir, pintar o realizar manualidades, pero aún no lo sabes porque nunca lo has probado. Por favor, comprométete y pon de tu parte, haz el esfuerzo de llevarlas a cabo y aprovecha la oportunidad que te brindan para darte alivio y descanso.

- Comparte tus sentimientos. Abandónate al dolor, alívialo, llora, comparte. Dale voz a los pensamientos más oscuros que guardas en el fondo de tu mente, a los políticamente incorrectos, compártelos con gente que no te juzgue, que te escuche y te apoye. Vacíate de todo, rompe el muro que muchas veces levantamos a nuestro alrededor; aunque sean pensamientos horribles, al ponerles nombre y compartirlos pierden una gran parte del poder que tienen en nosotros. A veces, determinados momentos muy traumáticos, como puede ser eutanasiar a nuestro compañero, pueden producir tal carga emocional en nuestro cerebro que sintamos como una imposibilidad de hablar de ello: no queremos recordarlo, no queremos ni pensarlo; sin embargo, está demostrado que cuando recordamos un acontecimiento difícil y le ponemos palabras para describirlo, siendo capaces de revivirlo con alguien al lado que nos sostiene, ya no duele tanto; incluso, cuanto más hables del hecho, paradójicamente, a largo plazo, te irá haciendo menos daño. Desahógate, debajo de todo ese dolor estás tú. Recuerda que todas las personas no somos iguales y seguramente entre tu familia y tu círculo de amigos habrá diversas personalidades. Piensa en cada uno antes de llamar. Si quieres desahogarte, llama a la persona sensible, que sepas que te va a escuchar y a comprender; si necesitas animarte y pensar en otra cosa, llama a esa amiga tan divertida. Recuerda pedir a cada uno lo que cada uno puede dar, pues si llamas a la persona superbromista cuando necesitas llorar y desahogarte, quizás no sepa entender tus necesidades y te lleves una desilusión. Elige 4 o 5 personas y escribe al lado de su nombre en qué momentos llamarás a cada una (distracción, pasear, llorar, comprensión, reír...). No tengas miedo de decir a los demás lo que necesitas en cada momento.

- Escribe. Puedes escribir un diario o simplemente unas notas. Escribir te puede ayudar mucho a conocerte. Al escribir, tienes que poner nombre a las emociones y sentimientos que hay dentro de ti, te obliga a pararte y a mirar hacia adentro; puedes salir del caos ordenando todo en un papel y sentirte menos perdido; después, puedes releer tus escritos, verlo todo en perspectiva, valorar si mejoras o cómo vas evolucionando. No apartes tus recuerdos o miedos, exprésalos. A mí me ayuda mucho practicar la escritura automática; me relajo y desconecto la mente durante unos 5 minutos y después empiezo a escribir las primeras cosas que me vienen a la cabeza, sin pensarlas, es como un vaciado. Lo saco todo y lo dejo escrito en el papel y, entonces, la mente descansa. A veces, solo escribo sobre lo que me gustaría conseguir; otras, sobre lo que no quiero en mi vida; otras, sobre cosas superficiales. Lo importante es no juzgarte y hacerlo con constancia; quizás, las primeras veces no sepas qué escribir, pero verás que poco a poco será más fácil. Podrás vaciar la carga que llevas encima e, incluso, te sorprenderás escribiendo cosas que no sabías que estaban dentro de ti. En serio, la escritura cura.

- Cuidar la salud. Comer bien, aunque no nos apetezca, es importante pues bastante mal estamos anímicamente para sumar a eso otros problemas de salud. Tanto si se te cierra el estómago como si te da mucha hambre por la ansiedad, intenta comer cosas sanas y que alimenten. También, intentad dormir y descansar lo mejor posible. Sé que el insomnio es algo natural en esta fase, pero debemos intentar combatirlo dentro de nuestras posibilidades. No tomar excitantes como la cafeína e intentar darnos un baño caliente y relajarnos antes de dormir. El ejercicio puede ser una buena forma de cansarse, de producir serotonina, que es la hormona del bienestar y de tomar el sol, un gran antidepresivo. Otra cosa que funciona muy bien es la distracción, no pensar en que no podemos dormir, sino tomarnos una infusión, relajarnos un poco y meternos en la cama pensando en otra cosa. A mí me ha funcionado muchísimo un canal de YouTube que se llama JC2- José Carlos Carrasco. Para mí, es ya "mi amigo para dormir", pues en sus audios superrelajantes te ayuda a conciliar el sueño, hablándote de otros temas, usando la técnica de la distracción y la verdad que sus charlas son tan interesantes que hasta me da rabia dormirme. Si crees que el insomnio o la ansiedad se escapan de tu control, acude a un especialista como a tu médico de familia o psicólogo.

• Meditación. Creo que solo la gente que meditamos sabemos el poder de esta actividad. Algo tan natural como es la respiración puede hacer que un ataque de ansiedad disminuya de golpe; aunque, bueno, esto no se consigue solo con respirar, sino con respirar bien. La respiración diafragmática tiene muchísimas ventajas, pero las más importantes para nosotros son tanto combatir la ansiedad y el nerviosismo, como ayudarnos a concentrarnos y reposar la mente. Para practicarla debes tumbarte boca arriba, en un sitio cómodo y relajado, poner las manos sobre el abdomen y expulsar a fondo el aire de los pulmones, incluso, cuando creas que has exhalado todo, continúa un poco más; una vez vacíos del todo, inhala el aire dirigiéndolo a tu abdomen, de forma que se hinche la barriga de aire, con tus manos sobre ella; retén durante unos 5 segundos el aire, pero sin forzarte ni presionarte, y cuando lo sueltes, hazlo suavemente por la boca, dejando que el abdomen se relaje y tus manos bajen con él; quédate un instante con los pulmones vacíos, sintiendo cómo te vas relajando y en cuanto sientas nuevamente el impulso de inspirar, hazlo profunda y lentamente, volviendo a llenar los pulmones, mientras tu abdomen sube. Cuando nos concentramos en nuestra respiración somos conscientes del aquí y del ahora, podemos conectar con nuestro verdadero yo y es que, déjame que te diga algo que mucha gente no sabe; tú no eres tu mente, no eres tus pensamientos ni eres tus emociones. Tú eres otra cosa. Cuando aprendes a poner distancia con esas partes de tu interior, cuando aprendes a disociarte de ellas y a acallar ese parloteo que mucha gente tenemos en la cabeza y que se llama diálogo interno, puedes conectar con tu yo de verdad, y es que detrás de todo ese ruido mental y emocional estás tú. Pensamos y sentimos tanto, que muchas veces nos perdemos a nosotros mismos. La plena consciencia, el estar presente, nos hace ver lo que somos; vivir sin el apego del pasado ni la incertidumbre del futuro.

- Actividades o hobbies. Otra buena forma de calmar tu mente, sin practicar la meditación, es realizando alguna actividad que nos obligue a estar concentrados. Lo importante es conseguir que pare tu diálogo interno y estés simplemente en el momento presente. Puede ser la jardinería, el *running*, la restauración de muebles, coser... lo importante es darte un respiro de tus pensamientos y emociones; necesitas desconectar y dejar de pensar algunas horas. Otras actividades que pueden ayudar mucho son las relacionadas con el arte: la música, el dibujo o escribir poesía, pues pueden ayudarnos a expresar cosas que no somos capaces de exponer con palabras. Cada vez, más personas son capaces de descansar su mente gracias a colorear mándalas. La creatividad es sanadora, ¡pruébala!

- Voluntariado. Algunas personas en duelo pueden echar de menos el contacto con los animales; sin embargo, aún no están preparados para ampliar la familia. Ser voluntario en una protectora o asociación puede ser una forma de ayudarnos a superar la melancolía. Estar cerca de la realidad de los animales abandonados puede hacernos ver todo con perspectiva, contextualizar e, incluso, comparar esas circunstancias con las que ha tenido nuestro amigo. Él, seguro, que te estará eternamente agradecido por la vida que ha tenido a tu lado. Sé que esto no va a minimizar tu dolor, pero quizás pueda expandir tu mente y sentir que tu sufrimiento puede ser un camino que te acerque a los demás. Recuerda que cuando prestamos nuestro auxilio a otros, en el fondo no solo ayudamos a los demás, sino que ellos nos están, a su vez, ayudando a nosotros. Así que en esta situación ganamos todos; tú estarás en contacto con los animales, te distraerás y te sentirás genial y útil, y los albergues tendrán la aportación que tanto necesitan.

- Gratitud. Dar las gracias parece muy sencillo, sin embargo, diversos estudios han demostrado el increíble poder que puede ejercer un hábito tan simple en tu día a día. La gratitud es uno de los sentimientos más poderosos que puedes usar para atraer bienestar. Sin importar quién seas o dónde estés, la gratitud tiene el poder de eliminar todo tipo de negatividad de tu vida. Albert Einstein demostró que el universo es energía y, por tanto, los seres vivos también somos energía vibrando en diferentes frecuencias. La gratitud eleva nuestra frecuencia vibratoria y practicarla nos sitúa en nuestro eje. La gratitud cuanto más se cultiva más crece; sube nuestra autoestima, nos hace sentir emociones positivas, nos aleja del "terribilismo" pues nos hace ser más imparciales y ver que siempre tenemos algo que agradecer, combate la depresión y la ansiedad, embellece la vida y nuestro mundo. Para adquirir el hábito de agradecer, hay varias técnicas. Yo te voy a explicar dos, pero puedes buscar muchas más. Por un lado, está la piedra de la gratitud; simplemente, se trata de buscar una piedra que sea bonita o que te llame la atención -yo me traje la mía de la costa italiana- y ponerla en algún sitio visible o que la sientas. Hay personas que la dejan en la mesita de noche, donde ponen las llaves al llegar a casa o, incluso, la llevan en el bolsillo del abrigo. Consiste en que, cada vez que la veas o la toques, des gracias por algo; así, varias veces al día. Otra técnica es escribir o recitar todas las mañanas o las noches (pero coged la rutina de que sea siempre a la misma hora) y hacer tres agradecimientos; uno dirigido a ti, otro para otra persona y el tercero hacia el mundo en general. Una vez que tengas el hábito de agradecer, ya no necesitarás nada, te aseguro que se convertirá en algo innato en ti.

Quizás, estés leyendo este capítulo porque te gustaría ayudar a alguna persona que está pasando un duelo por su peludo. Sé que puede resultar una situación difícil en la que no se sabe muy bien qué decir o cómo actuar. Debes saber que lo más importante que puedes hacer por él, la ayuda más grande, es simplemente estar ahí, acompañar desde el amor, la comprensión y el respeto. Dejando al doliente, simplemente, expresar sus sentimientos; estar junto a él mientras llora, ya es una ayuda. No hace falta hablar, sino simplemente escuchar. Emociónate con él o abrázalo en silencio. Las personas que tienen un amigo comprensivo a su lado y que pueden desahogarse durante el duelo, se recuperan mejor y en menos tiempo que los que no cuentan con esa ayuda. Que tu amigo sienta que puede sacar todo de su interior, nunca le pidas que se contenga, hagamos de nuestra amistad una relación en la que se pueda expresar tanto la alegría como la tristeza y el desespero.

Expresar emociones, a pesar de que mucha gente pueda pensar lo contrario, es de personas verdaderamente fuertes y valientes, pues estás mostrando tu vulnerabilidad a los ojos de los demás; creo que pocas cosas hay tan de admirar como exponerse a los otros, eso es demostrar verdadera seguridad en ti mismo. Si por el contrario, la persona a la que intentas ayudar no se abre en este momento, no debes forzarla. Cada uno tiene sus tiempos y hay gente que aún no estará preparada para expresar con palabras su aflicción; en esos momentos, simplemente, estaremos ahí a su lado, para pasear, estar en silencio o, incluso, hablar de otra cosa para distraerle, aunque elaborar un buen duelo significa que, tarde o temprano, deberá verbalizar sus sentimientos y compartirlos con alguien más. Para ayudar a tu amigo, evita por todos los medios las conversaciones relacionadas con cosas negativas como la violencia, sufrimiento, catástrofes... por el contrario, intenta siempre enfocarte en cosas positivas, crear un clima de agradable relajación y suavidad, incluso, con la música. Intenta proponer actividades que puedan ayudarle, como escribir un pequeño libro sobre las anécdotas más divertidas de su peludo, un libro memorial, ir a andar juntos o a pasear por la playa o montaña, ayudarle a guardar o donar los enseres de su compañero fallecido...

Es muy importante que normalicemos la situación que está viviendo nuestro amigo, hacerle ver que no está loco y que todas las cosas que siente y padece son comunes en esta fase. Tampoco debemos infravalorar el sufrimiento de cada persona, recordemos que es un tema que causa bastante incomprensión en nuestra sociedad, en estos tiempos, así que intentemos no criticar a la persona que está sufriendo el duelo por su animal. No intentar imponerle unos tiempos, no establecer límites ni plazos; primero, debe expresar todo su dolor, llorar todas sus lágrimas y una vez que se haya vaciado emocionalmente de su sufrimiento, empezará a levantarse. Recuerda que acompañar a una persona en el duelo no es estar presente la primera semana o los primeros quince días, cosa que suele hacer la mayoría, pero que se va desinflando con el tiempo. Estar presente en el duelo es caminar este sendero, acompañando a nuestro amigo durante toda su elaboración, que como ya hemos visto, suele ser alrededor de un año.

Algunas palabras que pueden ayudar a una persona en duelo son:

"Siento mucho lo que estás pasando. No tengo palabras para expresar lo que siento, he pensado en ti todos estos días. Llámame si necesitas hablar con alguien. Seguro que lo echaréis mucho de menos. Cuenta conmigo para lo que necesites. La gente no

se imagina lo difícil que puede ser perder a un animal, aunque haya pasado una semana, sigue siendo muy difícil; puedo avisar a nuestros amigos para que contacten contigo si quieres. Siempre lo recordaré. Seguro que a la gente le cuesta entender lo que estás pasando. ¿Puedo pasar a verte dentro de unos días? Si no me llamas, ¿puedo llamarte yo? ¿Cómo te sientes? ¿Tienes ganas de hablar? ¿Quieres que hablemos de él?".

Palabras y frases a evitar:

"Piensa que podría haber sido peor. No llores más, es malo para ti, ya verás como el tiempo lo cura todo. Es ley de vida. Era lo mejor que podía pasar. Mejor ahora que dentro de un tiempo. Tendrías que salir más, te sentaría bien. Ahora debes pensar en tus hijos y sonreír, ya ha pasado mucho tiempo, no deberías estar así, solo era un animal. Si te pones así por un animal, no sé qué pasará cuando se muera alguien importante. No seas tan exagerado. No seas tan dramática, al fin y al cabo es solo un perro/gato, ahora tienes que ser fuerte (sobre todo dicho a un niño). *Con el tiempo lo olvidarás, seguro que lo superarás, en un par de semanas estarás bien. No te preocupes, cómprate otro animal igual. No llores por esto que no es para tanto. La vida es así. Parece que te preocupas más que por las personas. Así son las cosas. Si hace una semana estabas mejor, parece que vas para atrás. Tranquila, los niños lo olvidarán, todos tenemos que morir. Ya es hora de que sigas adelante, de que te encuentres mejor y que hagáis como si no hubiese pasado nada. Ya le tocaba. Mejor no decírselo, total, no se entera*

de nada (referido a personas mayores o niños que convivían con él animal).

Como hemos visto, el duelo parece un laberinto; deberás recorrer muchos caminos, algunos hacia dentro y otros hacia fuera. Habrá senderos cuesta arriba que sentirás que te supone mucho esfuerzo avanzar y otros cuesta abajo, por los que pasarás corriendo. Habrá caminos amplios donde llegará el sol y los recorrerás acompañado de amigos o familia y otros tan estrechos y lúgubres en los que te encontrarás completamente solo. Te perderás en sus encrucijadas y en ocasiones llegarás a calles sin salida que te harán retroceder. Lo increíble es que cuándo consigas salir del laberinto, levantarás la mirada, respirarás hondo y observarás tu alrededor con nuevos ojos. Descubrirás la belleza en las cosas más sencillas de la vida que llenan de sentido nuestro día a día. Podrás mirar hacia el cielo, abrir los brazos y agradecer desde el fondo de tu corazón haber compartido tus días con ese ser tan especial, porque después del dolor, las lágrimas, la angustia y la agonía del desapego, por fin podrás sentir a tu animal dentro de ti; sabrás que mientras tu vivas estará en ti para siempre, en tus recuerdos, tus anécdotas. Esa es la nueva sabiduría, ese es el aprendizaje. Eres más fuerte que antes e, incluso, quieres más a tu animal, lo has reubicado en tu vida, tiene su lugar. Descubrimos que nuestra capacidad de amar sigue intacta o, incluso, ha crecido. Sabemos qué es lo verdaderamente importante de la vida y que, aunque otro bache nos haga tambalear, vamos a tener las herramientas necesarias para sobreponernos. Eres fuerte, eres amor, eres resiliencia. Descubres que a pesar del dolor tu corazón no se ha marchitado, sino que se ha engrandecido de tal modo, que tienes el universo entero en él.

"Lo que una vez disfrutamos, nunca
lo perdemos. Todo lo que amamos
profundamente se convierte en parte de
nosotros mismos".
(Hellen Keller).

"Encontramos muchas cosas en este largo
viaje, extraño a veces, que contemplamos
como vida, pero básicamente nos
encontramos a nosotros mismos.
Quiénes somos en realidad, qué es lo que
más nos importa".
(Elisabeth Kübler-Ross).

9. La vida fluye

Cuando tu amigo se va, es muy comprensible que sientas esa sensación de retraimiento, de no querer volver a pasar por lo mismo otra vez y que venga la conocida frase: *"Nunca volveré a tener otro peludo"*. Crees que nunca volverás a sentir esa conexión tan especial con otro ser, que la vida nunca volverá a brillar como antes, que es imposible recuperar la alegría y que no tienes ninguna esperanza.

Aunque es totalmente entendible sentirse así en esos momentos de dolor, en los que piensas que no te compensa este sufrimiento, que no eres una persona capacitada para tener animales porque sufres demasiado, que ningún otro animal podrá reemplazar a tu mejor amigo y que nunca volverás a experimentar tanto amor como el que sentías por él, tengo que pedirte que te des tiempo, por favor, recapacita, NUNCA digas nunca.

Es completamente normal que durante el periodo de luto o duelo ni siquiera se te pase por la cabeza la idea de volver a compartir tu vida con otro animal; es más, ruego encarecidamente que nunca se introduzca otro animal en casa cuando todavía se está superando la elaboración del duelo, sobre todo, si ese animal es de la misma especie, de la misma raza o tiene parecido físicamente con el animal que nos ha dejado. No vas a sustituir a tu amigo por otro, porque cada animal es irremplazable, no debes ahogar la pena por tu peludo reemplazándolo inmediatamente; como hemos visto en el capítulo del duelo en los niños, no es una buena lección de vida ni para ellos ni para ti. Es una forma de evitación, por lo que solo estarás escondiendo tu dolor sin haberlo superado y, tarde o temprano, volverá a resurgir.

Una vez elaborado correctamente el periodo de duelo nos sentimos esperanzados, sabemos que seguimos siendo capaces de amar y de dar amor, hemos recolocado a nuestro animal emocionalmente y sabemos que ningún otro podrá reemplazarle; nos sentimos más fuertes después de haber adquirido herramientas para gestionar nuestro dolor, nos conocemos más a nosotros mismos, hemos extraído un gran aprendizaje y nos sentimos preparados para volver a abrir nuestro corazón.

Dependiendo de cada persona y de cada situación, te ruego que barajes la posibilidad de tener un nuevo animal contigo, una vez te sientas listo. Los que amamos a los animales somos una especie diferente, con un corazón y una empatía gigante, que disfrutamos más la vida con ellos que sin ellos y tú debes de ser de esa clase de personas, de lo contrario, no tendrías este libro entre las manos. Nos encanta estar con ellos, nos hace felices compartir nuestra vida con los animales y sí, sufrimos cuando se van, pero sinceramente, introduciendo todo lo que recibimos de ellos en una balanza, <u>merece la pena</u>.

No reniegues de ello, no te cierres a esta posibilidad; la posibilidad de seguir compartiendo tu vida con un animal, sobre todo, cuando hay tantos que lo necesitan. ¿Que crees que pensaría tu amigo? ¿Acaso no crees que sería feliz de que otro peludo que lo necesitara encontrara un hogar a tu lado?

Lo único necesario para volver a abrir tu hogar a un nuevo miembro es haber superado el duelo. Esto no quiere decir que ya no te acuerdes de tu amigo o que no sigas llorando cuando veas sus fotos, lo que quiero decir es que ya has asimilado la pérdida y no vas a buscar un reemplazo en otro animal, sino que vas abrir las puertas de tu corazón a otro compañero peludo, tanto por él (dar un buen hogar a un animal, si es de los que realmente lo necesitan, mejor) como por ti (volver a disfrutar de los juegos, paseos, compañía...).

No alargues esta fase o decisión inútilmente. Cuando te sientas preparado, simplemente, hazlo. No quiere más a su amigo el que tarda 1 año en abrir de nuevo su hogar o el que tarda 3 meses; simplemente, tienen tiempos diferentes, pero tienes que saber que el amor no se mide así. Hay personas que se autoimponen un tiempo determinado; esto es totalmente descabellado, ya que no estamos hablando de algo medible. Aquí, lo importante es haber salido del laberinto. Recordemos que una persona que sufra un duelo cronificado, tardará más de dos años en estar preparada para acoger un nuevo peludo, mientras que una persona resiliente puede estar lista en apenas unos meses.

Yo, personalmente, siempre voy a recomendar la adopción de algún animal que esté sufriendo en una jaula. Recordemos que en nuestro país hay una tasa de abandono altísima, comparada con los demás países de la Unión Europea. La sensación que te dará adoptar a un animal que verdaderamente lo necesite es indescriptible. Actualmente, las perreras y protectoras de España están desbordadas hasta tal punto, que tienen que mandar animales para adoptar a otros países de Europa. Si te gusta alguna raza de perros o gatos en particular (aunque debo confesar que los mestizos para mí son la mejor raza, los más sanos, los más listos y todo amor), hay muchas asociaciones que se encargan de dar en adopción animales de alguna raza específica como Galgos del Sur, Galgos 112, Nórdicos en adopción, Agranda para dogos alemanes y perros de gran tamaño, Sos Golden, Adopciones exóticos, Sos Yorkshire, entre otras. Es cierto que en muchos de estos casos, los animales que están en estas asociaciones no serán solamente cachorros, puede ser que haya animales de corta edad y puede ser que sean perros y gatos adultos. Recordemos que, normalmente, son peludos comprados con unos 3 meses y que cuando crecen acaban en una de estas asociaciones, al percatarse sus dueños de que el animalito *ya no es tan mono*, que no se pueden ir de vacaciones o que es un rollo tener que sacarlo a pasear cada día. Te animo a que consideres la opción de adoptar un compañero adulto y, simplemente, te enumero alguna de las ventajas que tiene frente a un cachorro: no deberás enseñarle a hacer sus necesidades en la calle, ya que muchos ya lo tienen aprendido y no necesitarás pasarte todo el día recogiendo pipis y cacas de tu casa; ya tienen puestas la gran mayoría de las vacunas, por lo que no tendrás que tenerlo encerrado en casa sin salir hasta que las tenga todas puestas; muchas asociaciones los entregan ya esterilizados, por lo que te ahorrarás muchos problemas de salud y conductuales en el futuro; se les ha pasado un poco la edad de hacer trastadas, por lo que es menos probable que te muerdan muebles cuando les cambian los dientes; sabes de antemano qué carácter va a tener, si es nervioso o tranquilo, si le gustan o no los niños, entre otras cosas. Dependiendo de lo que busques y de tu estilo de vida, te pesará más la balanza hacia un lado u otro. Lo único que te pido es que valorando tu nivel de tiempo, de implicación y tu ritmo de vida, contemples las dos posibilidades, pero no descartes de inmediato la opción de adoptar un adulto, porque te puedo asegurar desde mi experiencia con Minnie, que el peludo se va a hacer a ti y a tu casa aunque no lo hayas criado desde cachorro; es más, será superagradecido porque habrá sufrido mucho en su vida o... ¿por qué no?, incluso, adoptar un *compi* senior. ¿Qué mayor regalo le podrías hacer a un animal que lleva toda su vida esperando una casa en la soledad de una protectora, que acogerlo durante sus últimos años y convertirlos en los mejores?

Te repito, no te autoimpongas ni un tiempo ni un tipo determinado de amigo. Simplemente, debes dejar fluir los acontecimientos y cuando llegue el momento preciso, toma la decisión. Cuando tengas dudas ante este o cualquier otro dilema en tu vida, te propongo una sencilla pregunta que me enseñó una persona muy especial, llamada Lucía, y que ha supuesto un antes y un después en mi vida: pregúntate siempre desde que sentimiento eliges; ¿desde el amor o desde el miedo? Suelen ser las dos emociones predominantes en nuestra vida, así que en tu mano está seguir el camino del amor y de la abundancia o el del miedo y la escasez. Si tomamos nuestra decisión desde el miedo (al sufrimiento, a vernos solos, a salir de nuestra zona de confort, a las creencias limitantes con las que convivimos, a la escasez...), normalmente, son respuestas que nos dicta nuestra mente y que no suele ser lo que de verdad queremos, sino lo que creemos que tenemos que hacer. Por el contrario, podemos tomar nuestra decisión desde el amor (a nosotros mismos, a otros, a la compasión, a la verdad, a nuestra inspiración...), normalmente, son respuestas que nos dicta nuestra alma, nuestra intuición, que no es otra cosa que nuestro yo de verdad, alejado de nuestra mente controladora. Así que, si tu motivo principal para adoptar un animal, estar con una pareja o continuar con ese trabajo es el miedo, en cualquiera de sus variantes, te recomiendo que lo dejes estar. Si tu motivo principal para cualquiera de los ejemplos anteriores es el amor o cualquiera de sus variantes, como la compasión, las ganas de compartir o la autorrealizacion... ¡Adelante! Estás eligiendo desde la emoción correcta, que llevará tu vida hacia ese camino y vivirás desde tu verdadero ser.

Recuerda, tu capacidad de amar continúa intacta dentro de ti. Te aseguro que vas a volver a querer con la misma intensidad, que vas a volver a reír, que vas a volver a disfrutar, que vas a volver a compartir tu vida con un peludo increíble, con el que tendrás una gran conexión, pero sobre todo, te aseguro que va a merecer la pena.

"No hay mayor acto de compasión
que regalar el cielo
a quien ha vivido en el infierno".
(Anónimo).

"Si nunca experimentamos el frío de un
invierno oscuro, es muy poco probable que
podamos apreciar la calidez de un brillante
día de verano. Nada estimula nuestro apetito
por las alegrías simples de la vida, más
que la hambruna causada por la tristeza o
la desesperación. Con el fin de completar
nuestro increíble viaje de la vida con éxito,
es vital que volvamos cada lágrima oscura
en una perla de sabiduría, y encontrar la
bendición en cada maldición".
(Anthon St. Maarten).

10. La leyenda del puente del arcoíris

Cuenta la leyenda del Puente del Arcoíris que cuando los ángeles de cuatro patas *(y cualquier otra criatura que hayamos amado)* se despiden de nosotros y con un suspiro dejan escapar su último adiós, atraviesan este puente. Al otro lado de este, se encuentran prados y colinas, en los que pueden correr, jugar y disfrutar de su inocencia...

Dicen que ahí, al otro lado del Puente del Arcoíris, hay suficiente espacio, comida, agua y sol para que todos ellos se sientan bien. Además, según esta leyenda, todos los que han estado enfermos, han sido mutilados o cruelmente lastimados, ven su salud restaurada y rebosan alegría.

Según esta hermosa leyenda, nuestros amigos se encuentran contentos y satisfechos, excepto porque ellos extrañan a alguien especial que dejaron al otro lado del Puente del Arcoíris. Por eso, de pronto, mientras todos corretean y juegan, alguno se detiene y clava su brillante mirada en el horizonte. Su cuerpo se estremece y con gran emoción se separa de su grupo, corriendo campo a través rápidamente. Ellos nos ven en la mitad del puente y van corriendo velozmente a recibirnos. Cuenta la leyenda del Puente del Arcoíris que, entonces, humanos y animales, amigos del alma, nos reunimos y nunca jamás nos separamos.

Sus lengüetazos húmedos bañan nuestro rostro y nuestras manos no pueden más que acariciar a nuestro ángel de cuatro patas, nuestra criatura amada. Entonces, según la leyenda, permanecemos unidos toda la eternidad, a través de una mutua y sabia mirada, llena de amor y de nobleza.

Pero aquí, lejos de acabar la leyenda, continúa...

De repente, en el Puente del Arcoíris, amaneció de forma diferente a los días normales, tan llenos de sol; este era un día frío y gris, el día más triste que puedes imaginar. Los recién llegados no sabían qué pensar, nunca habían visto un día de este tipo allí. Pero los animales que llevaban más tiempo esperando a sus seres queridos, sabían perfectamente lo que pasaba y se fueron juntando en el camino que lleva al puente para mirar.

Esperaron un poco y llegó un animal muy mayor, con la cabeza muy hundida y arrastrando la cola. Los animales que llevaban tiempo allí, supieron inmediatamente cuál era su historia, porque habían visto pasar esto muchas veces. Este animalito fue acercándose lentamente, muy lentamente, era obvio que tenía un gran dolor emocional, aunque no había signos físicos de dolor.

Al contrario de los otros animales que esperaban en el puente, este animal no había vuelto a la juventud ni había vuelto a estar lleno de salud y alegría. Mientras caminaba hacia el puente, veía cómo todos los otros animales lo miraban a él. Sabía que este no era su sitio y que cuanto antes pudiera cruzar el puente, sería feliz. Pero esto no sería así. Cuando se acercó al puente, apareció un ángel y con cara triste le pidió perdón y le dijo que no podía cruzar. Solamente aquellos animales que estaban acompañados de sus personas queridas podían cruzar el Puente del Arcoíris. Sin ningún otro sitio para ir, el animal mayor dio la vuelta y entre los prados vio a un grupo de otros animales como él, algunos mayores, otros muy frágiles. No estaban jugando, simplemente, estaban tumbados en la hierba, mirando el camino que llevaba al Puente del Arcoíris. Entonces, él fue a juntarse con ellos, mirando el camino y quedó allí, esperando. Uno de los recién llegados al puente no entendía lo que había visto y pidió a otro que le explicara qué pasaba.

—¿Ves ese pobre animal y los otros que están allí con él? Son los animales que nunca tuvieron una persona. Este, al menos, llegó hasta un refugio; entró en él, igual que lo ves ahora, un animal mayor, con el pelo gris y la vista algo nublada. Pero nunca consiguió salir del refugio y se murió solamente con el cariño de su cuidador, para acompañarlo mientras se fue de la tierra. Como no tenía una familia para darle su amor, no tiene a nadie que le acompañe para cruzar el puente.

El primer animal se quedó pensando un momento y preguntó:

—Y ahora, ¿qué pasará?

Antes de recibir la respuesta, empezaron a romperse las nubes y un viento muy fuerte las hizo desaparecer. Podían ver a una persona, sola, acercándose al puente, y entre los animales mayores, todo un grupo de ellos fue repentinamente bañado en una luz dorada y de nuevo eran otra vez animales jóvenes y sanos, llenos de vida.

—Mira y sabrás —dijo el segundo.

Otro grupo de animales de los que estaban esperando, también se acercaron al camino y bajaron las cabezas, mientras se acercaba aquella persona. Al pasar por delante de cada cabeza, la persona tocó a cada uno; a algunos les daba una caricia, a otros les rascaba las orejas cariñosamente... Los animales que habían rejuvenecido se fueron poniendo en una fila detrás y siguieron a la persona hacia el puente. Luego, cruzaron el Puente del Arcoíris juntos.

—¿Qué ha sido eso? —preguntó el primer animal. Y el segundo le dijo:

— Esa persona era una rescatadora, gran amante de los animales y trabajaba en su defensa. Los animales que viste bajando las cabezas, en señal de respeto, eran los que se salvaron gracias al esfuerzo de tales personas, y los que viste mayores y luego rejuvenecidos, eran los que nunca encontraron una casa... y como no tuvieron familia, no podían cruzar el puente. Cuando llega una persona que ha trabajado en la tierra para ayudar a los animales abandonados, se les permite un último acto de rescate y amor. A todos aquellos pobres animales para los que no pudieron conseguir familias en la tierra, se les permite acompañarlos para que también puedan cruzar el Puente del Arcoíris.

Esta leyenda es anónima.

Gracias a todos esos ángeles en la tierra, que se dedican en cuerpo y alma a ayudar a los animales abandonados. No solo hacéis de este mundo un lugar mejor, sino que ilumináis la verdadera esencia del ser humano y eleváis a nuestra especie al más alto nivel, mostrando el camino hacia la bondad y el amor.

11. Abre tu corazón

Como se puede comprobar a lo largo de todas estas páginas, tenéis entre manos un libro muy personal; no creo que se pueda llegar al corazón del otro si no abrimos antes el nuestro. En cada letra que he escrito he desnudado mi alma, mis sufrimientos, mis recuerdos alegres y los más dolorosos. He llorado y reído escribiendo este libro, he intentado dar información práctica sobre el duelo, pero también espiritual. Os he animado a hacer un trabajo de introspección, al tiempo que yo lo hacía, y puedo decir que escribir este libro me ha sanado, como espero que pueda ayudar a vosotros a sanaros también, así que después de compartir tanto, me sentía en deuda de contaros cómo termina mi historia.

Después del fallecimiento de Minnie, que por las circunstancias que estaba viviendo en ese momento fue terriblemente doloroso, ya que estábamos prácticamente todo el día juntas, y nos dejó por una inesperada enfermedad de manera repentina, comencé a escribir este libro. Seguía compartiendo mi vida con mis animales, nuestra gatita Deysi y Lolita, nuestro loro amazonas, y sin duda la líder de la manada. Cuando menos lo esperaba, mientras doy los últimos toques al libro, y gracias a mi marido, llegó a casa Oreo, un galgo adoptado.

Oreo fue para mi algo inesperado, y os voy a compartir un secreto: Oreo es todo lo que no quería, en ese momento, en un perro. ¿Recordáis cuando hablábamos de abrir el corazón y no ponernos límites? Pues hablaba con conocimiento de causa. No quería volver a tener un perro por lo doloroso de la situación, pero si hubiera hecho una excepción, ese perro no habría sido, bajo ningún concepto, negro, ya que no quería sentir que reemplazaba a Minnie; si hubiera sido negro, no hubiera querido que fuera muy mayor, porque no quería pasar por este dolor en muchos años; si hubiera sido negro y mayor, no hubiera querido que fuera un perro maltratado, porque sentiría que estaba reviviendo mi historia; no habría querido por nada del mundo que tuviera unos ojos de color avellana, que me miraran como si fuera un ángel en la tierra... no, no hubiera querido nada de eso y todo eso precisamente es Oreo: negro, con sus años a cuestas, maltratado, con esa mirada. Aún así, soy una persona que cree en el universo y creo que las cosas tanto buenas como malas llegan a mi vida por una sola razón: lecciones. Y yo de todas ellas intento coger notas y aprender. Así que... lo he captado, destino, no tengo que ponerme límites, no tengo que juzgarme a mí ni a los demás y tengo que dejar todo fluir. Sí, Oreo es todo lo que mi mente estrecha de miras no quería en un perro, pero es todo lo que mi corazón recién recuperado necesitaba.

¿Cómo no voy a sentir conexión, cuando mi alma herida contempla su cuerpo completamente abarrotado de cicatrices? ¿Cómo no voy a querer alimentar a ese ser, cuando mis dedos acarician ese cuerpo que es solo piel y huesos? ¿Cómo no voy a querer brindar el calor de mi hogar a quien tiene todo su cuerpo cubierto de callos de dormir sobre el duro y frío suelo? ¿Cómo no voy a amar a quien solo necesitó una caricia de nuestra parte, para seguirnos desde el primer día por toda la casa, con temor de perder a una de las pocas personas que le habían mostrado cariño? Él es obediente desde el primer día, listo como él solo, cariñoso, paciente, tranquilo... ¿Por qué mi mente había puesto esos absurdos prejuicios en mí? ¿Qué puede importar el color de un animal o sus ojos, cuando de lo que se trata, de lo que se ha tratado siempre, es del alma?

Oreo no parece un perro maltratado, aunque su cuerpo diga lo contrario. Tiene amor para todos dentro de él, sin rencor, sin desconfianza, dando una segunda oportunidad a la especie que lo ha reducido al estado en que estaba. Solo necesita un par de caricias y un rincón en mi salón y ya nos ha entregado su corazón. ¿Puede haber un alma más pura que la de los animales? Me cuesta creerlo.

Volver a abrir tu vida y tu hogar a otro animal, después de la pérdida, es como volverse a enamorar después de que te hayan roto el corazón. Un gesto valiente y loco que te hace disfrutar de todo, aún más que la primera vez. Sabes hacia donde va el rumbo y por eso estás dispuesto a disfrutarlo con todo tu ser, a vivir cada momento y a dar todo el amor que te sea posible. Sé que volveré al laberinto, tarde o temprano, pero también sé que esa es una señal de que sigo aquí, sigo amando; mi corazón no se ha secado, al contrario, gracias a mis chicos que se fueron, ahora es más grande y más fuerte. Capaz de amar una vez más, capaz de ver un alma tras un hocico húmedo. Siento que puedo albergar en mí el amor de cada uno de ellos y seguir sumando. ¡Bienvenido a nuestro corazón para siempre, Oreo!

Oreo fue abandonado por un cazador, junto con otros
13 galgos, en la perrera de Sadeco, en Córdoba, en lo que se
llama "descarte", al terminar la temporada de caza.
Su expropietario no supo ver el ser tan maravilloso que tenía
ante él. La asociación Galgos del Sur los salvó a todos y los
mantuvo en su refugio, mientras encontraban familia.

"Hasta que uno no ha amado un animal,
una parte del alma sigue sin despertar".
(Anatole France).

"La conmiseración con los animales está
íntimamente ligada con la bondad de
carácter, de tal suerte que se puede afirmar
seguro que quien es cruel con los animales,
no puede ser buena persona.
Una compasión por todos los seres vivos
es la prueba más firme y segura de la
conducta moral".
(Arthur Schopenhauer).

Palabras para Minnie

En el año 2009, conocí por casualidad a unas chicas de una protectora y me animé a colaborar con ellas, ayudándolas en tareas de difusión. Entonces, vi una cruel realidad de la que nunca había sido consciente: la cantidad de animales abandonados que hay en el mundo. En casa, siempre habíamos comprado los perros que habían convivido con nosotros y mi primer perro, después de independizarme, también fue comprado; así que me decidí a darle una hermana y sin pensarlo fui a la perrera municipal de Cagliari, donde vivía en ese momento, y le dije al chico que estaba allí:

—Vengo a por el peor perro que tengas.

Imagínate la cara que se le quedó al pobre chico, pero insistí:

—Vengo a por el perro que nunca nadie se llevaría.

Después de la sorpresa inicial, me acompañó por pasillos llenos de cachorrillos, de perros jóvenes y de raza, luego por mestizos monísimos de pelo suave y colores canela, hasta llegar a la última jaula del último pasillo y me señaló a *ella*.

—Esta perra ni siquiera debería estar aquí —me dijo.

Me explicó que tenían tantos perros, que en la perrera de la ciudad vivían solo los que tenían más posibilidades de ser adoptados; los demás los tenían en otras instalaciones, por las montañas. En Italia, a diferencia de España, siguen una política de sacrificio 0, lo que quiere decir que no sacrifican animales en las perreras después de x días o meses, sino que los tienen para siempre.

Me contó que a ella solo la habían bajado de la montaña porque la habían esterilizado y la tenía que ver la veterinaria, por los puntos.

—Esta es la peor —me dijo—: es negra, es de raza mediana, es mestiza, es mezcla de PPP, es adulta y no se deja tocar porque tiene mucho miedo a las personas; creemos que la usaron como *sparring* (entrenamiento para perros de pelea); no sabe pasear por la calle ni ir con collar ni correa, tiene dos *perdigonazos* en la cadera, está en los huesos y con la barriga llena de puntos.

—Vale, me la llevo.

—¿Estás segura? Creo que deberías pensártelo el fin de semana; además, esta NO es una perra normal, nunca podrás hacer cosas normales con ella: ni acariciarla ni llevarla al parque... de verdad, creo que deberías pensártelo, tenemos muchos perros mejores que ella.

Ahora, casi 10 años después, mi niña acaba de dejarme. Solo me gustaría poder volver a ver a este chico para decirle que lo siento pero que se equivocó completamente, no me dio el peor perro: ME DIO EL MEJOR PERRO QUE HABRÍA PODIDO SOÑAR.

Si bien tardé un mes en poder acariciarla, para mí fue el tacto más suave del mundo; sí, tardó seis meses en chuparme por primera vez y para mí ese besito valió por mil dados por otros perros; le costó un año tumbarse a dormir conmigo y fue la mejor siesta de mi vida; trabajé mucho tiempo para conseguir que caminara sin miedo por la calle, pero sus paseos a mi lado fueron inolvidables.

Ha sido cariñosa, protectora, juguetona, tranquila; hemos viajado juntas por media Europa, hemos ido a los parques de perros, a la playa, a la nieve; ha visto cómo se derrumbaba mi vida y ha visto cómo volvía a rehacer mi felicidad; ha estado a mi lado mientras creábamos una familia; ha tenido a su hermano Galo, al que ha aguantado sus babas; ha tenido una hermana gata, Deysi, con la que se acurrucaba para dormir juntas; ha tenido un hermano humano, Neizan, al que le ha permitido de todo y lo ha querido muchísimo; ha tenido a su papi Jorge, al que adoraba; ha estado a mi lado en las buenas y en las malas, cuando no tenía a nadie la he tenido a ella, y solo una cosa puedo reprocharle: ha dejado un inmenso vacío en nuestros corazones.

Gracias por tanto compartido, gracias por todas las lecciones que me has enseñado, gracias por inspirar este libro. Siempre estarás en mí.

"Aunque el resplandor que

en otro tiempo fue tan brillante

hoy esté por siempre oculto a mis miradas.

Aunque nada pueda hacer

volver la hora del esplendor en la yerba,

de la gloria en las flores,

no debemos afligirnos

porqué la belleza subsiste siempre en el recuerdo..."

(William Wordsworth)

(Para Minnie y Luis)

Querido lector:

G racias por haber llegado hasta aquí, espero de todo corazón que este libro te haya servido de ayuda para pasar por esta dura etapa de tu vida..

Te deseo que puedas mirar al pasado con gratitud en lugar de con dolor, que vivas tu vida desde el amor y no desde el miedo, que este sufrimiento no haga que se cierre tu corazón sino que se abra para albergar al mundo entero en él. Que sientas que tu compañero está en ti y que muy pronto volveréis a estar juntos.

Gracias por haber visto un alma tras un hocico.

Si crees que esta obra puede beneficiar a otras personas que estén pasando o vayan a pasar por lo mismo que tú, te animo a ayudarles a encontrar este libro dejando un comentario sobre él, una reseña en Amazon o compartiéndolo en tus redes sociales.

Si quieres compartir algo conmigo o necesitas mi ayuda puedes encontrarme aquí:

» Instagram y Facebook : Esperameenelarcoiris

 huellaemocional@hotmail.com

Si te gustaría seguir en el camino de la sanación en el duelo por tu alma gemela peluda te recomiendo mis tres libros y mi curso.

Mi curso Mano amiga en tu duelo. Un pequeño mapa para ayudarte a gestionar el dolor del duelo. Para que cualquier persona que lo necesite tenga este salvavidas a su alcance independientemente de la hora, el día o donde se encuentre. Un curso que se puede hacer desde casa, a tu ritmo sin citas ni horarios. Un curso fácil e intuitivo que puedes aplicar tanto en el duelo como en otras fases de tu vida.

https://www.huellaemocional.es/formaciones/

Puedes encontrar más información sobre mi, mis acompañamientos en el duelo, talleres, consultas digitales, próximos libros y cursos en mi web:

www.huellaemocional.es

Tu amado animal, tu compañero de vida, se ha ido... ¿y ahora qué? ¿Ya está? ¿Se ha terminado todo?

Tú sabes que no. Vuestro vínculo seguirá contigo siempre.

Muchas personas (más de las que imaginas) sienten a sus animales después de fallecidos. Sueños vívidos, comunicaciones, experiencias postvida... son habituales. Si sigues sintiendo a tu peludo a tu lado, es 100% normal.

O puede que el dolor esté haciendo que pases por alto esas sensaciones. También es normal. La muerte sigue siendo un tabú en nuestra sociedad, pero son ya tantas las pruebas constatadas de que la comunicación postvida existe, que es momento de hablar sin prejuicios ni miedos.

Por eso este libro ha llegado hasta ti.

Tras escribir *Espérame en el arcoiris* y *Cuando ya no estás*, aborda en *Conmigo siempre* preguntas trascendentales:

- ¿Qué ocurre después de la muerte?

- ¿Los animales tienen alma?

- ¿Pueden reencarnarse y volver?

- ¿Es posible la comunicación postvida con un animal querido?

UNA HUELLA ETERNA

Cuaderno para autotrabajar el duelo animal

LAURA VIDAL

Un cuaderno para autotrabajar el duelo, que guiará y acompañará en el camino a todos los que hayan tenido que despedirse de un compañero de vida de otra especie.

El duelo animal es un tema muy silenciado y desautorizado; sin embargo, esto no hace que sea menos doloroso que otras pérdidas.

Encontrarás herramientas muy poderosas para poder gestionar todo el dolor y todas esas emociones que van a surgir durante ese proceso. Podrás afrontar cada etapa del duelo apoyándote en mi método Huella emocional®. También podrás atesorar y guardar muchos de los recuerdos de tu amado ángel peludo o emplumado que van a ir fluyendo durante el trabajo de duelo: cartas, anécdotas y algunas de tus fotos preferidas. En el cuaderno podrás inmortalizar esos pequeños y grandes momentos vividos con tu amigo para que te acompañen siempre.

Porque lo importante no es la especie, sino lo que ese querido ser significaba para ti.

Porque, aunque ya no estén aquí físicamente, sabemos que sus huellas de amor serán eternas en nosotros.

Porque, aunque el dolor del duelo nos ciegue, detrás de él hay un amor inmenso, incondicional, puro y enorme...

Y ese AMOR es el mejor legado que pueden dejar en nosotros: su huella eterna.

El libro que te ayudará a superar la muerte de tu animal de compañía.

Perder a un ser querido nunca es fácil. Al fin y al cabo, ¿cómo podemos pasar página tras la marcha de alguien que ha estado tan presente en nuestra vida? ¿De qué manera hemos de superar el no volver a ver a un amigo, a un miembro de nuestra familia?

Aunque a menudo se le resta importancia, la muerte de un animal de compañía sigue siendo un momento muy duro para quienes la sufren. No por nada ese peludo ha estado ahí día tras día, dándonos calor cuando hacía frío y consuelo cuando estábamos tristes. Y, cuando ya no está, el vacío que deja puede llegar a ser muy doloroso.

Laura Vidal, especialista en gestión del duelo animal, ofrece en este libro un apoyo a todo aquel que haya perdido a su perro, a su gato, y no halle en psicólogos convencionales o ensu entorno la ayuda, las palabras y la empatía que necesita. Porque el camino puede ser duro, pero no hay por qué recorrerlo solo.

Debo agradecer a mis más ávidas lectoras por sus valiosos consejos: Rebeca, Noelia, Lidia, Laura y Sara. Este libro es mucho más bonito gracias a vosotras.

También gracias a Lucía y a las chicas de nuestro grupo de apoyo. Sois conexión y luz, aún en la distancia. A mis pusis (ya sabéis quiénes sois).

A mis padres. Soy lo que soy gracias a vosotros.

Como de todo lo bueno que tengo en mi vida, tengo que dar las gracias a mi marido y mi hijo.

Gracias a todas las personas capaces de dar y recibir amor de nuestros hermanos pequeños, los animales.

Gracias a todos los peludos de mi vida.

A los que fueron, a los que están, a los que vendrán.

Bibliografía recomendada

La inutilidad del sufrimiento, de María Jesús Álava Reyes. La esfera de los libros.

Déjame llorar, de Anji Carmelo. Taranna Ediciones.

La rueda de la vida, de Elisabeth Kübler-Ross. Vergara Ediciones.

La muerte: un amanecer, de Elisabet Kübler-Ross. Grupo Planeta Spain.

Los niños y la muerte, de Elisabeth Kübler-Ross. Luciérnaga.

Sobre la muerte y los moribundos, de Elisabeth Kübler-Ross. Ediciones de bolsillo.

El mensaje de las lágrimas, de Alba Payás Puigarnau. Paidós Divulgación.

El poder del ahora, de Eckhart Tole. Gaia.

Así es la vida, de Ana-Luisa Ramírez, Carmen Ramírez. Editorial Diálogo (libro infantil).

Siempre, de Ana Galán y Marta. Sedano Ediciones Bruño (libro infantil).

La isla del abuelo, de Benji Davies. Andana Edición (libro infantil).

Yo siempre te querré, de Hans Wilhelm. Editorial Juventud, S.A (libro infantil).

Dime quién ama de verdad, de Beret Canción.

Made in the USA
Columbia, SC
15 March 2025

55196964R00090